经济转型期的
信贷配给与信贷包容性增长

郑振东◎著

中国财经出版传媒集团

经济科学出版社
Economic Science Press

图书在版编目（CIP）数据

经济转型期的信贷配给与信贷包容性增长／郑振东著.
—北京：经济科学出版社，2017. 12

ISBN 978 - 7 - 5141 - 8825 - 7

Ⅰ. ①经…　Ⅱ. ①郑…　Ⅲ. ①信贷管理 – 研究 – 中国
Ⅳ. ①F832. 4

中国版本图书馆 CIP 数据核字（2017）第 312010 号

责任编辑：周胜婷
责任校对：王肖楠
责任印制：邱　天

经济转型期的信贷配给与信贷包容性增长

郑振东　著

经济科学出版社出版、发行　新华书店经销
社址：北京市海淀区阜成路甲 28 号　邮编：100142
总编部电话：010 - 88191217　发行部电话：010 - 88191522
网址：www. esp. com. cn
电子邮件：esp@ esp. com. cn
天猫网店：经济科学出版社旗舰店
网址：http：//jjkxcbs. tmall. com
固安华明印业有限公司印装
710 × 1000　16 开　10. 25 印张　200000 字
2017 年 12 月第 1 版　2017 年 12 月第 1 次印刷
ISBN 978 - 7 - 5141 - 8825 - 7　定价：48. 00 元

前　言

　　本书主要研究中国经济转型期的信贷配给与信贷包容性增长问题。改革开放以来，中国取得了社会主义现代化建设的辉煌成就。国民经济快速增长，综合国力和国际影响力显著增强，经济发展进入新常态，经济发展方式和增长模式发生了重大转变，经济结构不断优化，代表着新动能的"三新"（新产业、新业态、新商业模式）也在加快成长。但是我们也要清醒地认识到，当前中国经济还面临着很多困难。国际金融危机以后，世界经济增长低迷态势仍在持续；国内经济运行中一些结构性矛盾和问题仍然存在，我国生产力发展水平整体偏低，城乡、区域、经济和社会等方面的发展仍不够协调，经济社会发展中仍有不少薄弱环节，比如，"三农"发展基础仍然比较薄弱，小微企业成长仍受到种种约束，民生、就业、扶贫等方面的问题亟待解决。解决这些矛盾和问题是我国经济社会发展的内在要求，也是供给侧改革的重要内容之一。化解经济社会发展中的矛盾和解决经济薄弱领域的突出问题时，资本要素起到了极其重要的作用，其中银行的信贷资金对经济发展的促进作用功不可没。

　　信贷包容性增长是普惠金融的重要组成部分，可以催生经济发展的内生动力，缓解经济发展中的结构性矛盾，有效支持实体经济健康协调发展。从近些年的实践可以看出，商业银行的信贷增长仍有包容性不足的特征，表现为银行业的"信贷配给"，从资金供给方来看，一些商业银行出现了"资产荒"，部分优质客户增加了新的融资渠道，有效信贷需求减少，资产配置难度显著加大。从资金需求方来看，部分群体的信贷需求得不到满足。"三农"、贫困人口、小微企业和不发达地区融资难融资贵的问题依然存在。如果在经济下行周期，信贷配给的形势将更加严峻，商业银行放贷"门槛"提高，抵押品标准不断提升，达到放贷标准的受众范围显著缩小，部分客户因为银行业机构规避风险，被迫退出商业银行的"朋友圈"。

破解信贷配给的难题，增进信贷增长的包容性，有必要深入研究信贷配给理论，并运用该理论分析中国经济转型期商业银行的行为，了解问题的症结，并提出解决问题的措施。信贷包容性增长是普惠金融的重要组成部分，研究信贷配给理论，推动信贷包容性增长，有重要的理论和现实意义。本书认为信贷配给和信贷增长包容性不足可能存在以下几方面的原因。

第一，金融排斥是商业银行信贷配给的内在原因。商业银行从营利性、安全性和流动性的角度考虑，采用信贷配给的方式来发放信贷。约瑟夫·斯蒂格利茨和安德鲁·韦斯（2002）认为信贷配给属于以下两种情形之一：其一，在无差别的贷款申请人中，一部分人获得了贷款而另外一部分人却没有获得贷款，那些没有获得贷款的人即使愿意支付更高的利率也得不到贷款；其二，无论贷款的供给多么充足，总会有一些人在任何利率水平下都得不到贷款。对于商业银行而言，按照"信贷配给"原则筛选客户，可以"最有效"地发放贷款，实现利润最大化。从信贷配给形成的机理来看，商业银行从利润和安全角度出发发放贷款是理性的，但是从经济社会发展的角度来看，纯粹的信贷配给无疑是包容性不强的。郑振东、王岗（2004）认为中国经济转型期的特点决定了信贷资源配置受到双重约束，形成了二元经济模式下的双重信贷配给机制①。何德旭、苗文龙（2015）基于金融排斥理论，从经济发展战略、金融制度结构、金融市场结构、社交网络关系、风险管理约束等角度分析了中国存在的金融排斥现象②。无论是双重信贷配给或者是"金融排斥"都会导致金融资源配置不平衡和信贷增长包容性不强。

第二，激励不足是信贷配给和信贷包容性增长不足的外在原因。20 世纪 90 年代中国银行业开始商业化改革以来，商业银行数量不断增加、信贷规模

---

① 郑振东，王岗. 双重信贷配给与中国银行业的流动性隐患研究 [J]. 金融与经济. 2004 (9)：12 – 13.

② 何德旭，苗文龙. 金融排斥、金融包容与中国普惠金融制度的构建 [J]. 财贸经济：2015 (3)：6 – 16.

迅速扩大、产品创新层出不穷，已形成了以公司业务和零售业务为主的业务发展模式。从实践来看，信贷包容性增长的激励仍显不足。在利率没有完全市场化的前提下，利差收入为主的营利模式已经可以满足商业银行的发展需求，商业银行资金成本较低，贷款利率较高，保障了商业银行有较高的利差。从信贷增量看，中国改革开放以来经济快速增长，基础设施建设、房地产相关行业以及国有企业迅速发展，吸纳了大量的信贷资金。在高利差和信贷需求旺盛的推动下，商业银行信贷规模得到了快速增长。此外，商业银行更容易了解大客户和大项目的征信情况和经营情况，因此商业银行更喜欢"垒大户"，采用批发的方式发放贷款，可以迅速实现利润，客观上造成了对具有微、小、偏、轻资产特点客户的挤出效应。中国银行业商业化时间比较短，产品开发和业务创新基本上采用模仿策略，主要业务仍然是存贷款，主要精力放在营销大客户、维护和管理关系客户以及吸引部分优质零售客户上，在外部变量不发生变化的情况下，商业银行的创新动能不足。

第三，机构设置的"路径依赖"约束了银行业的创新。商业银行机构设置存在着"路径依赖"。商业银行利差主导的发展模式导致内部组织架构是以公司业务和零售业务为核心设置的，这样的组织架构设置不能满足信贷包容性增长的要求。要实现信贷包容性增长，贷前尽职调查、贷中审查以及贷后管理都要做出相应的改变。一些商业银行已经意识到传统信贷模式的缺陷，但是由于"路径依赖"的原因，各家商业银行对调整信贷结构、创新组织架构和业务流程、增加人员配备、迅速增加经济社会发展薄弱领域贷款的积极性和主动性并不高。在商业银行的人员配备、机构运作能力不可能出现快速扩张的情况下，追求利润最大化的特性决定了商业银行必然会集中优势力量向大企业、大项目倾斜，以最小成本获得最大收益。

第四，金融基础设施仍需要进一步完善。经过多年的发展改革，我国金融基础设施建设不断推进，成果较为显著。支付、清算和结算体系不断完善，征信市场发展和社会信用体系建设不断推进，金融服务水平显著提高。在征信系统建设方面，中国人民银行在农村征信体系、小微企业征信体系建设方面花费了大量的精力。但是，部分金融基础设施仍然比较薄弱。以"三农"为例，农村的经济基础弱，除了农业银行和邮政储蓄银行以外，其他大型商业银行和股份制银行在农村的网点比较少，金融服务的覆盖面和渗透率还比较低，农民对金融消费者教育和合法权益的了解程度不高，对获得信贷的流程和条件不熟悉。在机构设置上，现有村镇银行、贷款类公司等小型金融机构难以承担经济主体的信贷需求，民营银行虽然已经破冰，但是设立速度仍然满足不了日益增长的信贷需求。

在动笔之前，我思考按照什么样的体例成书。第一个方案是按照时间顺序对中国经济转型期微观经济主体的信贷行为进行分析，但是我担心这样的体例会变成一本"流水账"，虽然在时间逻辑上是顺畅的，但是重点却不突出。第二个方案是先分析信贷配给理论的发展史，然后将信贷配给理论用于分析改革开放以后中国信贷发展的历史，并结合一些典型案例进行研究，不求面面俱到，但求精深。在考虑了相当长时间以后，我决定按照第二种模式来组织本书的架构，因为模块化的研究更符合我的研究习惯，也为未来继续研究提供"接口"。最后确定本书的逻辑主线：首先是梳理信贷配给理论的演进，构建简单的信贷配给模型；然后不断地放松条件，加入新变量，对信贷配给模型进行拓展，并将信贷配给理论用于分析中国经济转型时期商业银行的信贷行为；最后提出提升信贷包容性的有关政策建议。

目　　录

第1章 导　　论

1.1　选题背景与意图

从 20 世纪 70 年代起，全球经济一体化以及金融创新给银行也带来了新的挑战，银行间的国际合作不断加强，金融创新也层出不穷，出现了大量类银行的金融机构，各种金融机构的界限日益模糊，竞争日益激烈。系统性的信用风险不断出现，微观经济主体的行为可能放大成为系统性的风险。1974 年，英国银行业因为房地产景气消失而遭受的危机，20 世纪 90 年代日本由于泡沫经济而导致金融体系的危机，1994 年墨西哥金融危机以及 1997 年的东南亚金融危机，同银行业的信贷资金配置都有千丝万缕的联系，因此对于信贷资金配给的研究有重要的现实意义。

中国金融改革的目标之一是金融产品的价格能反映市场的供求信息，市场通过价格变量能够产生公共利益导向型的经济发展趋势。而当前的一个事实是：在微观层面，拥有不完全信息的信贷市场上，市场出清的情况下，愿意支付市场利率的借款人可能得不到相应的信贷支持。比如小微企业面临着信贷约束，"三农"面临着融资困境。在信贷资源配置不佳的情况下，如果稀缺的信贷资源流向了劣质项目，无疑造成经济资源的浪费。在宏观层面上，东部和西部的经济差异在很大程度上也源于商业银行的资金配置。在经济转型的条件下，是什么样的内在机制影响着商业银行的资金配置？如何改进这种信贷资金的配置效率呢？本书的核心内容是追踪信贷配给理论的前沿，围绕商业银行的信贷资金配给的风险与效率，整合现有的微观货币理论，试图从一个新的分析视角建立一个新的分析框架；把制度要素纳入信贷配给理论框架，建立一个转型经济模式框架下的动态均衡模型，解释中国现存的信贷资金流向的问题，并提出相应的对策和建议。

1.2 国内外研究进展情况

亚当·斯密（Adam Smith，1776）在论述高利贷的上限时第一次提到信贷配给（credit rationing）①，凯恩斯在其《货币论》中也曾经指出信贷配给现象，在对"借款人未能满足的边缘"的讨论中指出："银行放贷并不是按照完全竞争市场的原则而发生的……"② 研究信贷配给现象以来，并没有一个信贷配给准确的定义，贾菲和莫迪利亚尼（Jaffee & Modigliani，1969）在建立 J－M 模型时，曾按照贷款利率对于贷款额的影响定义了均衡配给（euilibrium rationing）与静态信贷配给（dynamic rationing）两种情形，前者是贷款利率处于长期均衡水平时的信贷配给，后者是贷款利率尚未充分调整至长期最优水平时的信贷配给，它是由于市场价格（即利率）不能随市场供求变化作出相应地调整而出现的暂时的非均衡现象，静态信贷配给其实是市场的一种非均衡状态③。在此，贾菲已经注意到非利率因素对于信贷配给的影响，信贷配给的定义有了突破性的进展，但其定义的静态信贷配给中仍然包含着价格和非价格条件，仍然缺乏准确的衡量性。在信贷配给定义上做出澄清性贡献的是巴尔滕施佩格（Baltensperger，1974，1978），他将信贷配给从两个层面上进行区分，将以调节利率方式进行的配给现象称为"狭义信贷配给"，而以利率条款以外的其他因素导致的信贷配给统称

---

① 亚当·斯密. 国民财富的性质和原因的研究 [M]. 北京：商务印书馆，1994.
② 凯恩斯. 货币论 [M]. 北京：商务印书馆，1997.
③ Jaffee, Dwight M & Franco Modiliani. A theory and test of credit rationing. *American Economic Review*, 1969（59），850－72.

为"广义信贷配给"①。巴尔滕施佩格（1978）紧接着又定义了均衡信贷配
给的概念，即：在借款人提供了合同所有的不受政府约束的贷款价格条款
和非价格条款时，其贷款需求仍然没有得到满足的情况。这里的信贷配给
就区别于在完全市场（contingent）条件下因不满足合同而被拒绝的借款需
求，自此，信贷配给的准确概念得到了澄清。而在信贷配给分类方面做出
突出贡献的是基顿（Keeton，1979），他在前人的研究基础上给出了信贷配
给的形式。他认为存在两种形式的信贷配给：第一类信贷配给是按照银行
的利率，贷款申请人的贷款需求只是部分得到满足；第二信贷配给是所有
的贷款申请人中，只有一部分人获得贷款，而另外一部分人没有获得贷
款②。至此信贷配给的定义和形式完全得到了定义。

　　约瑟夫·斯蒂格利茨和安德鲁·韦斯（Joseph Stiglitz & Andrew Weiss）在
对金融深化理论进行批判时，发表了有关信贷配给理论的经典文献《不完备
信息市场中的信贷配给》，构造了 S - W 模型，对信贷配给作了详细的描述，
他们认为信贷配给属于以下两种情形之一：第一种是在无差别的贷款申请人
中，一些人获得了贷款而另外一些人却没有获得贷款，那些没有获得贷款的
人即使愿意支付更高的利率也得不到贷款；第二种是无论贷款的供给多么充
足，总会有一些人在任何利率水平下都得不到贷款③。事实上，信贷配给并不
是在某一个时间段内出现的，纵观经济发展史，金融中介发展史就是信贷配
给机制不断发展的历史。金融组织用信贷配给的机制配置有限的金融资源并
不是偶然的，在信贷市场上存在的信息不对称的情况下，信贷市场特殊的组
织方式以及信贷资金独特的双重支付和双重回流的运动方式引起的信贷风险
最终导致了信贷配给。

　　从字面意义上讲，亚当·斯密是信贷配给的提出者，凯恩斯也同时对此
问题进行过阐述，但是信贷配给理论是在信息经济学和博弈论进入主流经济

---

　　① Baltensperger. Credit rationing：issues and question. *Journal Of Money*，*Credit And Bank*，1978：170 - 183.

　　② Keeton，W.. *Equilibrium Credit Rationing*. New York：Garland Publishing Company，1979.

　　③ 约瑟夫·斯蒂格利茨，安德鲁·韦斯. 不完备信息市场中的信贷配给 [C]. 阿克洛夫、斯彭斯和斯蒂格利茨论文精选. 北京：商务印书馆，2002：84 - 120.

学以后才产生的。20 世纪 60 年代以后，信贷配给理论进入人们的视野，霍奇曼（Hodgmam，1960）在《经济学》季刊上发表的《信贷风险和信贷配给》最早提及违约风险（risk of default）可能是导致信贷配给现象的一个直接原因之一，认为信贷配给可能是一种均衡现象。在此后的 20 年时间里，借助信息经济学和博弈论两大工具，经济学家持续努力，推动了信贷配给理论的发展。费赖默和戈登（Freimer & Gordon）在 1965 年对信贷配给重新进行了诠释，贾菲和莫迪利亚尼（1969）构造了 J－M 模型，证明如果银行可以以风险甄别为基础对客户进行准确评级，就可以对借款人分别索取利率，不会产生信贷配给，1976 年贾菲和拉塞尔（Russell）（1976）表示了同样的观点，认为竞争性的利率可以降低银行风险。

1981 年，斯蒂格利茨和韦斯发表了论文《不完备市场中的信贷配给》，奠定了信贷配给理论的基石。之后，一些经济学家基于不同视角对信贷配给现象进行了分析，曼昆（Mankiw，1986）、威廉姆森（Williamson，1987）、赖利（Riley，1987）、黑尔维希（Hellwig，1987）对信贷配给理论的发展都做出了重要贡献。

在对信贷配给理论进行推进的时候，另外一些经济学家试图加入一些新的变量进行新的解释，惠滕（Whette，1983），贝斯特尔（Bester，1985）把抵押品引入信贷配给模型，乔尔·弗里德（Joel Fried）和彼得·豪伊特（Peter Howitt）将劳动经济学中的隐性合约理论运用到对不完备信息条件的信贷市场的分析当中，伊顿和哥索维茨（Eaton & Gersovitz，1981），夏皮罗（Shapiro，1983），伊顿、哥索维茨和斯蒂格利茨（1986）从声誉角度证明了声誉对于信贷配给的影响，戴蒙德（Diamond，1987），帕加诺和雅佩利（Pagano & Japelli，1993）等则进行了进一步的研究。布莱克韦尔和圣托内梅罗（Blackwell & Santonmero，1982），米切尔·彼得森和拉古拉姆·拉詹（Mitchell Peterson & Raghuram G. Rajan，1995），艾伦·N. 伯杰和格雷戈里·F. 尤德尔（Allen N. Berger & Gregory F. Udell，1992），赫雷曼、穆尔多克和斯蒂格利茨（Hellmann, Murdock & Stiglitz，1997），马蒂内利（Martinelli，1997），迪特马尔·哈霍夫和蒂姆·科廷（Dietmar Harhoff & Timn Korting，1998）运用了计量经济学的手段对美国、德国、韩国等企业的贷款数据进行了经验检验，得出了一些非常有价值的结论。

以上的这些文献存在内在的逻辑关系，需要进行进一步的梳理和研究，而问题的关键在于，发展中国家是否存在信贷配给问题？如果存在，影响的因素是否和经济发达国家类似？为此，国内学者也进行了不懈的研究。比较重要的研究成果有，杨咸月的《金融深化理论发展及其微观基础研究》，周明的《非均衡信贷合约市场的微观基础》，这两本著作中比较详细地对信贷配给理论进行了介绍，另外有些学者也从不同侧面对于信贷配给进行了研究，宋亚敏、黄绪江的《对信贷配给模型的基层实证：咸宁个案》（2002），彭磊的《均衡信贷配给、信用担保与中小企业融资》，金永红、奚玉芹、叶中行的《考虑声誉的风险投资多阶段动态融资模型研究》，王霄、张捷的《银行信贷配给与中小企业贷款》也从基层实证、信用担保、声誉、中小企业融资等各个角度进行了研究，但是至今仍然缺乏完全围绕着信贷配给本身的一种研究，即把这些变量纳入一个动态的模型中进行分析，并结合中国经济转型时期的特点进行研究，因此需要从理论上进行进一步的梳理，建立一个转轨经济国家的信贷配给模型，这对于解决现实问题和推进理论的进一步发展都有极为重要的意义。

1.3　分析方法

第一，实证与规范分析相结合。本文在分析中国经济转型期信贷配给时，将使用规范分析与实证描述相结合的研究方法。主要使用信息经济学、契约经济学、新制度经济学以及金融经济学等前沿理论，引入多重变量，对金融机构信贷配给进行实证和规范相结合的分析，以确立一个多重变量的信贷配给的模型。同时结合中国经济转型期的特点，进一步引入制度变量进行分析。换言之，就是在实证分析的基础上，即"是什么"的前提下，结合我国银行业的实际，着力论述其构成和运作机制应该"是什么"。

第二，历史与现实相结合。本文在对发展中国家信贷配给进行分析和考察的时候，关注历史发展的态势，在理论研究中将始终贯穿历史和逻辑相结合的方法，顺着这一思路，本文在论述中，力图分析我国金融机构产权制度、组织形式和运行方式的发展对信贷配给效率的影响，然后提出商业银行要提高信贷配给效率需要一种什么样的金融制度的规范要求。

第三，关于实证分析方法，严格上说应该以大量客观翔实的经济统计数据作为前提，并且统计数据的取得是客观的，其真实程度可以得到广泛认可。但是，由于在改革开放以后，我国经济结构经历了不断地调整，金融统计口径也在不断发生变化，各种经济变量之间的相关度较差，因而现有的统计数据很难真实地反映各个变量之间的函数关系，并且数据有限，有的还难以公开取得。然而，本文又不能不涉及数据处理问题。因而，为了真实、实用起见，所有数据尽量取用有关决策部门专项决策或者研究部门做专题研究时所公开披露的数据。在进行中外银行业的比较的时候，由于中国商业银行自身的特点，以及统计口径的不同，本文尽量采用国际通用的标准来进行比较分析。

第四，静态均衡与动态均衡相结合。经济运行中的各种要素，包括制度安排都是随着时空的转移而不断变化的，在这种变化中，参与运行的各种交易主体将顺应这种变化而作出不同的抉择，而绝对的静止状态在现实中也是不存在的。对于经济的分析方法来说，注意一个时点的均衡将是建立动态均衡模型的基础。因此，本书的分析将从一种相对静态的分析，推进到相对动态的分析，力图使理论的解释同现实的拟合度更强。

1.4　结构安排

本书的主要逻辑主线是：首先梳理信贷配给理论的演进，构建简单的信贷配给模型，然后不断地放松条件，加入新的变量，对信贷配给模型进行拓展，进而构建国家经济转型时期的信贷配给模型，并运用该模型分析中国银行业信贷配给的现象，并提出相关的政策建议。文章的结构包括以下的几个部分。

第一部分包括第 1、2 章的内容。主要对信贷配给理论的发展以及理论发展的现实经济背景进行分析，认为信贷配给理论实际上是沿着对一般均衡理论的批判、变量的逐步增加，以及条件逐步放松的研究线条而成型的，并且在理论的演进过程中，接受了经济形势变化的检验。

第二部分包括第 3 章的内容。主要是推导出一个成熟市场经济国家信贷配给模型。首先是建立一个瓦尔拉斯的一般均衡模型，然后不断地放松条件，按照从完全竞争到不完全竞争、新变量逐步加入的逻辑，逐步建立一个成熟经济国家的信贷配给模型。

第三部分包括第 4、5 章的内容。主要分析利率和非利率两个因素对中国经济转型期上商业银行信贷配给行为的影响。第 4 章考察了中国经济转型期利率管制的历史，并分析了在利率管制条件下，商业银行的信贷配给行为对信贷供应量、社会福利水平的影响，分析效率和福利的损失。第 5 章分析非利率因素对商业银行信贷配给行为的影响。本书选取了对信贷配给效率影响比较高的三个因素，即公司治理、抵押品和竞争程度。

第四部分包括第 6、7 章的内容，根据前三部分的分析结果对中国转型期的微观和宏观经济问题进行影响。在微观层面，本书选择了对中小企业融资和农户小额信贷进行分析；在宏观层面，选择了转型期信贷配给对货币政策传导效率和经济增长的影响。

第五部分是结论部分，即第 8 章的内容。根据上面分析的结果提出提高信贷配给效率、增进信贷包容性增长以及推动信贷供给结构性调整的建议，包括推行国家金融教育战略、加强征信体系建设等一系列的措施。

文章的结构安排及技术路线如图 1 - 1 所示。

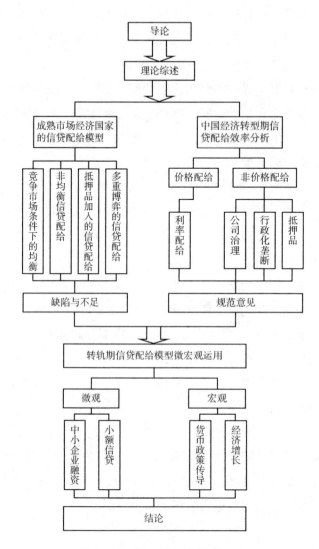

图 1-1　本书的框架和技术路线

第 2 章　信贷配给理论的演进

2.1　一般均衡理论和信贷可能性理论

2.1.1　一般均衡理论：信贷配给理论的奠基

信贷配给理论的发展是随着西方经济学的发展而发展的。一般均衡理论（general equilibrium theory）是西方经济学中的一个重要分支，寻求在自由竞争的市场框架内解释供给、需求和价格行为，一般均衡理论决定了西方经济学中的许多重要命题，如商品价格的决定和市场的供求均衡等。一般均衡理论成为西方经济学的奠基理论，它是"看不见的手"理论的一个重要的理论基础，一般均衡理论对于社会经济均衡状态描述达到了一定的理论巅峰。一般均衡理论涉及产品市场到要素市场，分析的领域由实物经济推广到货币经济，信贷市场上的均衡涉及均衡的市场价格（利率）以及均衡的供给量（信贷量），一般均衡理论的发展无疑对早期研究信贷市场均衡问题产生了巨大的影响，为了更清晰地分析信贷市场上的均衡，本书首先回顾一般均衡理论的发展。

1874 年，洛桑学派的代表人物、边际效用理论与一般均衡理论的开创者法国经济学家里昂·瓦尔拉斯（Léon Walras）在《纯粹经济学要义》① 提出了一般均衡分析方法，瓦尔拉斯试图通过数学模型解决一般均衡即瓦尔拉斯

---

① Walras. *Elements of Pure Economics*（trans Jaffe），Irwin，1954.

均衡（Walrasian equilibrium）的存在性。瓦尔拉斯认为当满足商品的效用或欲望方程式和最初所拥有的商品数量这两个条件时，均衡价格就可以确定了。也就是说，在纯交换经济中，进入市场的参与者带着既定数量的商品作为供给，根据他们的效用或欲望即需求进行交换，必定能达到均衡。假定在一个市场中，有 n 种商品，$p_i(i=1,2,3,\cdots,n)$ 表示第 i 种商品的价格；s_i $(i=1,2,3,\cdots,n)$ 表示第 i 种商品的供应量，$d_i(i=1,2,3,\cdots,n)$ 表示第 i 种商品的需求量。

总需求函数为：

$$D = \sum_{i=1}^{n} p_i d_i \tag{2.1}$$

总供给函数为：

$$S = \sum_{i=1}^{n} p_i s_i \tag{2.2}$$

瓦尔拉斯认为，总供给和总需求是相等的，即：

$$\sum_{i=1}^{n} p_i d_i = \sum_{i=1}^{n} p_i s_i \tag{2.3}$$

一般均衡理论试图证明，假设在完全市场的竞争体系内，在任何价格水平下，在交换过程中，市场上对所有商品的超额需求总和为零，总供给和总需求相互约束，总供给必须与总需求相等。也就是说，在经济社会中存在这样的一套价格系统，其中包括：第一，每个消费者都可以在给定的价格下并在各自的预算限制下购买产品来达到自己消费效用最大化；第二，每个生产者都会在给定的价格下决定生产一定数量的产品，达到利润最大化的目标；第三，每个市场（产品市场和要素市场）在这套价格体系下达到总供给和总需求的相等（均衡）。当市场具备这样的条件时，就达到了一般均衡水平，达到均衡供求水平的价格就是一般均衡价格。

一般均衡理论认为这样的均衡不仅存在单个的市场，而且存在于所有的市场。换言之，一般均衡理论假设各种经济变量处于相对稳定的状态，从分析微观经济主体的行为来考察每一种要素的供给和需求达到均衡状态所需具备的条件和相应的均衡价格和均衡数量。此外，一般均衡理论是经济学中局部均衡理论的扩展，认为每个单独的市场都是均衡的，尝试从每个市场和主体出发，以"自下而上"的视角和"由微观到宏观"的路径来分析经济社会的均衡。

　　一般均衡理论设定了严格的假设条件：第一，市场是完全竞争的；第二，市场的供给者和需求者之间的信息是对称的。从方法论的角度，一般分析方法可以解释经济社会发展的一些规律，但是，一般均衡理论对于市场经济行为的解释是比较苍白的，因为现实中难以找到一个与之相吻合的市场条件。著名的英国经济学家卡尔多写道："一般均衡理论已经到达这样的一个阶段，纯理论经济学家已经成功地证明：该理论的含义不可能在现实中存在。但是他们还未能把这一信息传达给教科书的作者，或传达到教室中去。"①

2.1.2　信贷可能性理论：一般均衡理论对信贷市场均衡的解释

　　一般均衡理论后来经过帕累托、希克斯、诺伊曼、萨缪尔森、阿罗、德布鲁和麦肯齐等人改进后有了很大的发展，尤其是 20 世纪五六十年代，阿罗和德布鲁对一般均衡存在性的公理化证明，更是奠定了现代西方经济学中一般均衡理论的基础地位。其主张的自由竞争市场经济能够实现资源最佳配置，成为新古典经济学的基准，在 20 世纪 30 年代"大萧条"背景下产生的凯恩斯经济学突破了传统的均衡理论，一些学者开始把目光投向非均衡的经济学，在此后相当长的一段时间内，西方经济学游弋于一般均衡理论和非均衡理论之争。从 30 年代到 50 年代信息经济学和博弈论出现之前的相当长的一段时间内，虽然已经出现了非均衡的概念，但并没有一个相应的理论分析工具作为支撑，因此，对于信贷市场交易的分析仍然以一般均衡分析方法作为其理论分析的基点。

　　此时，对于信贷供给和需求的研究主要集中在利率管制下的监管。罗萨（Roosa，1951），斯科特（Scott，1957）以及美国联邦储备体系的一些研究人

---

① Keeton，W.. *Equilibrium Credit Rationing*. New York：Garland Publishing Company，1979.

员对当时流行一时的信贷"可能性学说"（availability doctrine）作了较为详细的论述（Roosa，1951），他们认为：其一，利率的变化会引起贷款者（如银行）将资金用于放贷的意愿的变化。他们认为调节利率时，通过公开市场吸收或投放储备资金（基础货币），从而改变可用作信贷资金的总供给水平。其二，短期利率的变化会影响贷款者对市场预期的变化，这种预期又会影响贷款者当期的信贷可能性。其三，当利率上升时，如果此时流动性要求增加，则只能通过减少贷款来满足，这样信贷市场也会趋紧，经济也会紧缩①。罗萨的信贷"可能性学说"是一种推断性的分析，是为了批判货币政策无效性的一种理论铺垫。"可能性学说"的基本思路是通过调整利率来影响信贷量从而影响经济的增长，但是遗憾的是信贷可能性学说并没有建立起一种可以让人信赖的理论基础，没有从微观层面上给以解释。由于制度上的约束，例如政府干预、利率管制和严格的监管等一些非价格因素导致了资金供求失衡。信贷可能性学说继承了新古典经济学范式的基本理论的基本方法和假设：即信贷市场依然遵循一般商品市场的特性，即产品无差异的假设，信息完全对称的假设。如果按照资金可获学说的经验，消除了外部干扰因素，市场力量会自动使信贷资源的供给和需求达到"瓦尔拉斯均衡"，市场也随之出清，按此逻辑，利率市场化无疑是解决信贷资源约束的最好方法。"资金有效理论"的最大缺陷就在于其缺乏实证的有效性，无法经历市场的检验，对现实的解释力非常差，无疑是一种乌托邦式的假说，在 20 世纪 70 年代以后，随政府管制的逐步放松，各国利率市场化的步骤加快，信贷配给现象并没有因此而削弱，"资金有效理论"就不攻自破了。

2.1.3 "大萧条"和罗斯福新政：对一般均衡理论的证伪

1929 年资本主义世界爆发了一场旷日持久的经济危机，从 1929 年到 1933 年，导致了全球性的经济大衰退，是第二次世界大战前最为严重的世界性经

---

① Roosa，Robert. Interest，rates and the central bank. *Money，Trade，And Economic Growth：Essays In Honor*（John H. Williams，New York，NY：Mcamillan），1951：270-295.

济衰退。这场史称"大萧条"（great depression）的经济危机，对经济和金融制度产生了深刻的影响。大萧条从美国开始，以 1929 年 10 月 24 日的股市下跌开始，到 10 月 29 日成为 1929 年华尔街股灾，1929 年以后，经济危机席卷了全世界。大萧条对发达国家和发展中国家都带来了毁灭性打击。人均收入、税收、盈利、价格全面下挫，国际贸易锐减 50%，美国失业率飙升到 25%，有的国家甚至达到了 33%[①]。大萧条以后各国处于自保，贸易保护主义抬头，美国出台了《斯姆特—霍利关税法》，导致其他国家以报复性的关税作为回应，加剧了全球贸易的崩塌，并到 1933 年到达谷底。发达经济国家受到的损害非常严重，1929~1932 年，美国、英国、法国和德国的工业产值分别减少了 46%、23%、24% 和 41%，对外贸易分别减少了 70%、60%、54% 和 61%。失业率增长了 607%、129%、214% 和 232%[②]。

银行业遭到了毁灭性的打击。债务方拖欠债务、存款人集体取款使得挤兑现象频发，导致银行倒闭。政府担保和美联储的监管则要么无力，要么干脆没有被启用。银行倒闭导致了数亿美元的资产损失[③]。未偿还的债务越来越多，这是由于价格和收入下降了 20%~50%，但债务却依然保持不变。在 1929 年恐慌后，在 1930 年的前 10 个月，美国有 744 家银行倒闭（20 世纪 30 年代总计有约 9000 家银行倒闭）。到了 1933 年 4 月，倒闭的、吊销营业许可的银行产生了约 70 亿美元的呆死坏账[④]。

"大萧条"的出现打破了古典自由主义经济学的研究范式，也打破了"看不见的手"能够将日常生活中的理性人在价格的引导下，受到利益的驱逐，最终导致社会利益的实现，并使得总需求和总供给达到平衡的结论。凯恩斯经济学证明，自由市场调节并不能保证充分就业，存在有效需求不足的常态，因此需要政府在财政货币政策上进行管理，实现社会总需求和总供给的相对

① Frank, Robert H., Bernanke, Ben S.. *Principles of Macroeconomics* 3rd. Boston: McGraw-Hill/Irwin, 2007: 98.

② Jerome Blum, Rondo Cameron, Thomas G. Barnes. *The European World: A History* (2nd ed), 1970: 885.

③ Bank Failures. Living History Farm ［2008－05－22］.

④ Friedman and Schwartz. *Monetary History of the United States*, 1970: 352.

平衡，在社会总需求不足时，要通过政府降低税收、增加财政支出、放松货币政策，降低利率，增加货币供应量。反之，则通过相反的方式进行调节。因此需要政府采取扩张性财政政策来刺激需求，从而刺激经济增长成为主流经济学的观点。

1933年3月富兰克林·罗斯福出任美国总统。面对着经济大萧条的美国经济，罗斯福采取以"救济、复兴和改革"为核心的一系列经济政策，救济主要是针对穷人和失业者，复兴则是将经济水平恢复到正常水平，针对金融系统的改革则试图预防再次发生大萧条。"罗斯福新政"在第一阶段处理的范围很广泛，从金融与铁路到工业与农业，他们都要求经济上的协助以生存。举例来说，联邦紧急救援署提供给各州与城市5亿美元用于救济。新政以增加政府对经济直接或间接干预的方式大大缓解了大萧条所带来的经济危机与社会矛盾。通过国会制定了《紧急银行法》《农业调节法》《国家产业复兴法》《社会安全法》等法案。第二次世界大战爆发后，新政基本结束，但罗斯福新政时期产生的一些制度或机构如社会安全保障基金、美国证券交易委员会、美国联邦存款保险公司、美国住宅局、田纳西河谷管理局等至今仍产生着影响。

罗斯福新政在金融业的改革主要是颁布了一系列政府干预经济的法律法规，如《国民复兴法》，1933年的《证券法》，1934年的《证券交易法》、《联邦住房放款银行法》，1934年的《国民放款法》，1933年通过《格拉斯—斯蒂格尔法案》。《格拉斯—斯蒂格尔法案》限制商业银行的证券活动以及商业银行与投资银行（券商）间的联合，以管理投机行为。这个法案也建立了美国联邦存款保险公司（FDIC），最高保险额为2500美元，终结了挤兑的风险。这项金融改革提供了未预料到的稳定：在20世纪20年代间，每年有超过500间银行破产，但是在1933年之后每年少于10间。美国自此由金融业的自由发展走向了全面管制，美国也以严格的金融管制而闻名于世。在1933年通过的经济法案是道格拉斯的大成就，这个法案借由缩减退伍军人给付以及联邦政府的薪水而减少了联邦政府5亿美元的支出。道格拉斯借由行政命令砍除政府的花费，包括1.25亿美元的军事预算，还有从邮局、政府薪资各砍7500万美元等。

　　罗斯福新政推翻了自由经济学的供给会创造需求，由于经济局部或者偶然失调，均衡受到破坏，通过市场作用的自动调节，均衡就得以恢复，不用政府干预，只要依靠市场供求作用的自动调节，就会恢复均衡。凯恩斯经济理论的主要结论是经济中不存在生产和就业向完全就业方向发展的自动机制。这与古典主义经济学所谓的萨伊定律相对，后者认为价格和利息率的自动调整会趋向于创造完全就业。试图将宏观经济学和微观经济学联系起来的努力成了凯恩斯《通论》以后经济学研究中最富有成果的领域，一方面，微观经济学家试图找到他们思想的宏观表达；另一方面，例如货币主义和新兴凯恩斯学派经济学家试图为凯恩斯经济理论找到扎实的微观基础。二战以后，这一趋势发展成为新古典主义综合。

　　美国在经历了经济大萧条以后，金融市场也开始了一个管制时期。美国联邦储备委员会（美联储）颁布了一系列金融管理条例。美联储认为银行之间因为争夺存款而竞相提高利率，迫使银行购入高风险高收益的资产，加剧了银行业的不稳定性，因此在 Q 项条例中规定了对存款进行管制的规则。Q项条例规定：禁止美联储的成员银行对它吸收的活期存款（30 天以下）支付利息，并对上述银行所吸收的储蓄存款和定期存款规定了利率上限。当时的上限规定为 2.5%，直到 1957 年都不曾调整。后来，Q 项条例已经变成了利率管制的代名词。Q 项条例的实施，对金融秩序的恢复和发展以及美国经济的复苏起了至关重要的作用，二战后，战争恢复美国的《欧洲复兴计划》都需要大量的资金支持，而严格的金融管制实际上阻碍了商业银行规模扩张，一方面限制了银行资金的流入，另一方面造成了银行资金的流出，当资金需求旺盛时，信用供给不足成为一种常态。

2.2　金融深化与金融约束理论

2.2.1　金融深化理论：放松管制的理论基础

　　1973 年，麦金农（Mckinnon）和肖（Shaw）分别发表了《经济发展中的货币与资本》与《经济发展中的金融深化》，提出的金融抑制（financial repression）和金融深化（financial deepening），在西方经济学中取得革命性进展并创立了发展经济学。麦金农曾经提及"对银行贷款利率的高利贷上限，削弱了商业银行为各阶层小规模借款人提供服务的能力和愿望。因此，大量小型企业和储户被驱赶进了放债人的怀抱。利率上限，除限制了银行放款总量外，还确保了银行获得的少量资金流向十分安全的借款人……"①② 而解决的办法就是放松利率管制。肖则提出，"落后经济的经济政策实际上在所有市场上都在精心地操纵着价格。金融资产市场上的干预程度似乎达到顶点，部分原因是金融资产能极为巧妙地逃避管制。一套标准的干预措施包括对'有组织的'金融市场上的银行及其他金融机构规定存贷款利率相与之并行的正的而又可变动的通货膨胀率"。

通过肖的信贷配给模型可能更能说明问题，如图 2 – 1 所示，其中，OX 表示信贷量，OY 表示利率，PP* 表示其真实利率，EE' 表示如果没有利率管制的市场利率水平。从图 2 – 1 中可以看出，如果真实利率被限制在 PP*，则受到储蓄形成总额的影响，均衡投资和实际投资之间存在着严重的资金供给缺口 a'c'。如果撇开存贷款利差的因素，如果把利率定义在 PP*，那么必然导致非价格性的信贷配给，由于市场利率低于均衡利率，很显然，资金供给量减少，需求量增加，从图上可以看出，资金出现了缺口。麦金农和肖称之为"金融抑制"，这种非价格的信贷配给效率非常低。因为金融资源的短缺，配给的对象是一些拥有特权的利益集团以及和金融机构有某些关系的企业和个人，因为出现了利率限制，金融机构提供贷款的积极性下降，同时也不愿意承担更多的贷款风险。过低的利率意味着较低的资金价格，资金使用者从事一些低水平的投资也可以获利，资金使用效率下降。

麦金农和肖的金融深化理论，在金融发展史上写下了浓重的一笔，他们弥补了主流经济学中忽略发展中国家金融特殊因素，为发展中国家推行经济

---

① 罗纳德·I. 麦金农. 经济发展中的货币与资本［M］. 卢骢，译. 上海三联书店上海分店，上海人民出版社，1997：78.

② 肖. 经济发展中的金融深化［M］. 上海三联书店，1988：79.

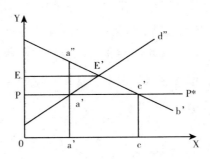

图 2 - 1　肖的利率和信贷配给分析

改革和制定货币政策提供了理论基础。我们借助肖的利率和信贷配给模型更能发现问题，但是在信贷资源的配置的解释上却没有一个质的飞跃，其基本假设仍然没有脱离资金可获理论的窠臼，根据麦金农和肖的论述，发展中国家的金融抑制主要是因为政府过多的干预经济，如利率管制和高额的准备金，利率被扭曲，不能反映金融资产的稀缺程度因此导致了信贷资源的短缺。金融深化理论出现的确对主流经济学提出了挑战和质疑，认为西方的货币金融理论不符合发展中国家的实践。最后的结论是：金融深化的政策包括提高利率，取消利率管制来抑制信贷配给的发生。麦金农和肖的理论为发展中国家的经济发展指出了一条思路，但是同时也暴露了一定的理论缺陷，在信贷资源的配置上，麦金农和肖的隐含假设是完全信息和贷款回报的确定性，对于利率管制和政府干预导致的信贷配给现象又重复了"资金可获理论"的路线，削弱了理论的解释力。

2.2.2　金融约束理论：主动的信贷配给

金融约束理论由托马斯·赫雷曼（Thomas Hellmann）、凯文·穆尔多克（Kevin Murdock）及约瑟夫·斯蒂格利茨（Joseph Stiglitz）提出。他们认为金融约束是政府在稳定的宏观环境、较低的通货膨胀率以及正的实际利率水平条件下，通过采取一系列垄断性的金融制度安排，为民间金融机构创造租金机会，以此达到既能防止金融压抑的危害又能促进经济增长的目的。金融约束与金融压抑的不同之处在于前者是主动为民间机构创造租金机会，使他们获得"特许权价值"，从而激励金融机构，而后者只是转移租金，是政府从民间攫取租金。金融约束政策重在限制竞争和限制资产替代，其主要政策包括对存贷款利率的控制、市场准入的限制，甚至对竞争直接管制。金融约束论的作用机理如图 2 - 2 所示。

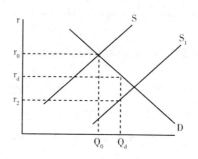

图 2 - 2　金融约束创造租金与经济增长

S 和 D 分别是信贷市场资金供给和需求曲线，r_0 和 Q_0 分别是市场均衡利率和贷款水平，政府将存款利率限为 r_d，贷款利率 r 由资金需求曲线决定，则差额 $r_2 - r_0$ 构成租金，其中居民和企业租金贡献分别是 $r_0 - r_d$ 和 $r_1 - r_0$。银行获得所有租金，并在占有一定量租金后，就有动力和实力扩大营销网点，提高服务质量。如果居民储蓄只对服务质量和方便程度敏感，则金融中介范围的扩张和服务质量的提高必然会提高社会储蓄水平，这会使资金供给曲线右移至 S_1，此时均衡贷款水平下降而同时贷款水平增加，金融约束政策最终促进了金融深化和经济增长。

金融约束论还是一个不成熟的理论，该理论所要求的几个前提条件多数发展中国家难以满足，也忽视了银行和企业的制度和体制因素，如果银行和企业对于所提供的租金没有积极的反应，那么金融约束或许就会沦为金融压抑的代名词。而且，金融约束是以牺牲资金供给者即储蓄者的利益为代价的，本质上是以劳动来补贴资本，用社会多数人包括一般劳动者的利益来补贴少部分人，难以显示社会公平。此外，金融约束和金融压抑的界限很难把握，利率管制下的逆向选择和道德风险也难以控制。但是金融约束论提供了一种新的思考和分析问题的方式，它考虑了不同国家经济和金融发展阶段的差异，认为在经济和金融发展初级阶段的国家，由于不具备利率自由化的条件，应当在一段时间内实行利率管制，并在金融部门发展到一定程度，具备了利率自由化条件方可实行利率自由化。由此可见，金融约束论也向我们描述了一个发展中国家规制金融部门发展顺序的动态金融深化过程。

2.3　放松金融管制：对金融深化理论的检验

2.3.1　两次石油危机对国际金融市场的影响

金融深化理论的结论是：金融抑制的主要原因是政府过多干预经济，如压低资金市场的价格，包括利率管制和准备金要求，以及限制金融机构业务范围，导致价格信号无法真实反映资金的稀缺程度导致了信贷资源的短缺。世界经济的多样变化能够有效地验证理论的变化。

1973～1974 年和 1979～1980 年，国际市场上原油价格暴涨，给西方国家的经济带来沉重的打击。这两次冲击被人们称为"第一次石油危机"和"第二次石油危机"。第一次石油危机引发了战后最严重的世界性经济危机，所有工业国的生产力增速都明显放慢。美国和日本的 GDP 增长率分别下降 14% 和 20%。第二次石油危机沉重打击了西方工业经济国家，使其国际收支恶化，通货膨胀和失业率增加。1979 年美国和英国的通货膨胀率都达到了 13.3%；西方七大工业国家的国民生产总值的增长率从 4.3% 下降到 3.5%①。在经历了两次石油危机以后，各个国家经济金融形势发生较大的变化。一是银行业受到利率管控的影响较大，低利率的储蓄存款和无息的活期存款对机构和个人吸引力不大，不受管制或者受到管制较少的金融机构可以利用此优势获得更多的资金，银行面临大量的资金流失，造成金融机构和非金融机构之间职能的失衡。二是金融"脱媒"现象比较显著。两次石油危机以后，高通货膨

---

① 中国经济导刊. 小资料, 2000 (19)：13.

胀率造成名义利率高企，市场利率远高于管制利率，造成大量资金流出金融
中介，通过货币市场进行投资，金融市场"脱媒"情况非常明显。石油危机
对政府、企业以及个人的经济行为都造成了影响。随着世界经济金融形势的
变化，国际金融市场发生了巨大的变化。

（1）企业有动机积极创新，规避管制。比如美国在 20 世纪 70 年代初的
时候出现了可转让支付命令账户（negotiable order of withdrawal account，
NOWS），它是 70 年代初由美国马萨诸塞州互助储蓄银行创办，是一种以支付
命令书取代支票的活期存款账户。NOWS 既能像传统的活期存款那样使客户
在转账结算上得到便利，又可让客户获取存款利息。这等于将储蓄存款与活
期存款两者的优点集于一身，因而有较大的吸引力①。另外一种类似的创新是
自动转换储蓄账户（automatic transfer service accounts，ATS），此类支票账户
中一定金额之上的余额都能自动转换为支付利息的储蓄存款，当签发支票时，
必要兑付支票资金会自动从储蓄账户转到支票账户上去。

（2）创新的外部环境也逐步形成，主要是计算机和信息技术的发展以及
国际金融市场的发展。计算机和技术信息的快速发展为金融创新提供了便利
条件。第一，提升了交易速度，节约了交易成本，信息技术的迅速发展使银
行节约了大量的交易成本，可以更快速地处理客户的指令和替代以前的手工
操作。第二，由于计算机技术弱化了传统中介的重要性，迫使传统中介推动
金融创新。第三，计算机和信息技术的发展使国际交易更加便捷，国际金融
市场相应发展和扩大，国际资本流动的频率更高。

（3）国际受制不平衡导致的资金流动推动了国际金融市场的发展。一方
面，石油危机引起了国际间严重的国际收支失衡，逆差国需要向国际金融市
场寻找资金，顺差国则需要在国际市场上进行投资。如美国在 1984～1985 年
的资本输入额已经超过了其他所有国家在 1978～1983 年输入的资本，连年的
贸易逆差已使美国成为最大的债务国，日本则一跃成为世界上最大债权国②。

---

① 张鹏. 20 世纪 60 年代以来美国金融创新及其主要外部动因 [D]. 中国社会科学院研究生院，
2013.

② 张德宝. 八十年代国际金融市场的新发展 [J]. 中国金融，1988（8）：43－44.

另一方面，各国银行也相继开放国内金融市场，原有对外资银行业务限制的国家也逐步开始允许外资银行来本国设立分支机构。

2.3.2 各国放松金融管制的主要措施

政府对金融自由化、一体化及全球化的支持不断加强。从支付的角度看，商业银行创新的金融产品的确能够促进经济金融的发展，迫使各国货币管理当局积极实行改革方案，放松金融管制，推动金融自由化进程。主要包括以下几个方面的内容：放松利率管制，推动利率市场化进程；放松外汇管制，放宽对资本流动的限制；放松本国居民和外国居民在投资方面的限制，降低外资金融机构进入壁垒；鼓励银行综合化经营，允许金融机构业务交叉。

（1）取消对利率的管制。西方发达经济国家的金融自由化基本上是从放松利率管制开始的。如美国、日本放松金融管制的第一步就是取消对存款利率的限制，美国《1980 年银行法》（即《存款机构放松管制和货币控制法》）废止了 Q 条例，规定从 1980 年起分 6 年逐步取消对定期存款和储蓄存款利率的最高限。为此还专门成立一个存款机构放松管制委员会，负责制定存款利率最高限，使其逐步放松直至最后取消①。日本同样采取了放松利率管制的过程，1978 年，日本的短期拆借市场利率、票据实现自由化，1979 年开始引入了"可转让存单"，1980 年取消了对外币存款额度的限制，1980 年撤销了对外币存款额度的限制，还通过远期外汇交易开发了新的业务品种；1983 年，金融调查委员会决定要渐进地实现利率自由化②。1985 年，银行引进了利率自由浮动的货币市场存单，同年又允许对 10 亿日元以上的大额存款的利率实行双方议价的方式，使得利率的自由化进一步深化③。英国在 1971 年 5 月公布了《竞争和信贷控制法案》，迈出了利率自由化的坚定一步，1981 年 8 月，英格兰银行将基础贷款利率与市场利率联动，利率正式实现自由化。德国在

① 胡海鸥，贾德奎. 货币理论与货币政策（第 2 版）［M］. 上海人民出版社，2012：122.
② 奥村洋彦. 日本"泡沫经济"与金融改革［M］. 北京：中国金融出版社，2000：85－88，257.
③ 巴曙松. 日本金融自由化的回顾与发展［J］. 海南金融，1997（1）：21－22.

1976 年 2 月提出废除利率限制的议案，并于同年 4 月全面放松了利率管制，结束了利率管制时代。①

（2）允许金融机构业务交叉。大萧条之后，以美国的格拉斯—斯蒂格尔法案为代表的法律严格界定了商业银行、投资银行和证券公司之间以及银行与非银行机构之间的业务界限，实现了分业监管。随着生产国际化和资本国际化严重冲击了原有的专业化分工，金融机构的各种创新很大程度上突破了既定的金融管制。在这样的形势下，允许金融机构业务交叉和跨地区发展业务的各种法案应运而生。美国《1980 年银行法》和《1982 年存款机构法》确认了不同金融机构业务交叉的合法性，主要包括：储蓄存款机构可办理商业银行的业务，商业银行可办理证券业务和人寿保险业务，并允许这些机构兼并和收购其他州的储蓄机构，开展跨州业务②。英国则在 1979 年取消外汇管制，为国外的借方提供自由化的金融市场，1986 年则取消了经纪商和交易商两种职能不能互兼的规定，经纪人与场内交易商互相兼任，放开交易所会员资格的限制；取消证券交易的最低固定佣金限制。日本、加拿大等国都相继允许银行之间业务交叉。1999 年，美国彻底废除了实行 66 年之久的"分业经营，分业管理"的《格拉斯—斯蒂格尔法案》，美国银行业就此正式实行银行业的"混业经营"③。

2.3.3 放松金融管制是否消除了商业银行的信贷配给行为？

按照一般均衡理论的基本结论，也就是在利率管制的情况下，由于人为因素的影响，市场利率处于均衡利率之下，在此利率水平下，信贷供给小于信贷需求，部分信贷无法得到满足。如果减少人为因素对信贷市场的影响，促使利率按照市场资金供求状况而发生变化，即利率的高低由资金供求关系

---

① 关立新，王博，郑磊. 马克思"世界历史"理论与经济全球化指向 [M]. 北京：中央编译出版社.

② 姚德良. 1933 ~ 1999 年峰回路转 66 年——美国金融创新与监管放松互动，推动金融自由化的历程 [J]. 数字财富，2004（2）：40 - 50.

③ 胡海鸥，贾德奎. 货币理论与货币政策（第 2 版）[M]. 上海人民出版社，2012：122.

确定：当市场上资金供给大于需求时，利率下跌；当市场上资金供给小于需求时，利率上升。如果消除了外部干扰因素，市场力量会促使利率自动回到瓦尔拉斯均衡水平，市场出清。按照此逻辑，完全的利率市场化必然可以解决信贷配给现象。实际上，用一般均衡理论解释信贷配给是比较牵强的，利率不同于商品价格的原因是，商品价格是即时的，是当时市场供求关系最直接的反应，如果有真实能力的供求双方，即供给方和需求方都有真实的交易意愿，供给方有足够商品，需求方有足够的购买能力，交易是可以完成，在交易完成以后，商品的所有权和使用权都发生转移。但是信贷市场信贷资金的属性与商品属性是有所区别的，即信贷资金的所有者交易的是信贷资金的使用权而非所有权，资金需求方购买的是资金一定时期的使用权，资金需求方购买资金使用权后将信贷资金纳入生产过程，并且在生产过程中有损失的可能性。因此信贷实际上是一种租借行为，资金出借者不仅要考虑到租金的高低，也要考察借入者的信誉以及未来归还的能力，换言之，就是资金出借者必须要考虑到信息的因素。纯粹的市场并不能解决利率的问题。

在 70 年代以后利率管制放松，各国出现了不同的结果。智利于 1974 年 5 月开始放松利率管制，1974 年 11 月取消了所有存款利率的管制，1975 年 4 月取消了所有利率管制，只用一年就完成了利率市场化的进程。结果，智利在 1976～1982 年经历了由于过快利率市场化而带来的经济阵痛，银行大量破产。最后，中央银行不得不公布指导性利率，宣布第一轮改革暂时废止[①]。主要原因是政府过快放松了金融机构的管制，越来越多的金融机构从事高风险的金融业务。进入 20 世纪 90 年代后，金融危机不断发生，如 1997 年亚洲金融危机，1998 年巴西金融危机，俄罗斯金融危机，等等。很多人把金融危机归罪于金融自由化步伐太快，因此国际上反对金融自由化，要求重新加强金融管制，建立健全国际金融新秩序，维护金融和经济安全的呼声一浪高过一浪，我国国内也有不少关于金融自由化将被遏制的预言[②]。

---

① 金牛. 中国利率改革之路 [J]. 大众理财顾问，2013（09）：53 - 55.

② 陈柳钦，金融自由化在世界各国的实践和中国金融开放 [J]. 南都学坛，2006（03）：94 - 102.

2.4　信息经济学的发展对信贷配给理论的推动

2.4.1　信息不对称：信贷市场上重要的影响因素

在对新古典经济学范式的批判与反思过程中，经济学家逐步背离了传统微观经济学的束缚，意识到在信贷市场上除了价格因素以外还存在着影响信贷量的因素，如果片面地重视价格约束而忽视信贷市场的非价格因素，可能得出与事实相悖的结论。经济学工具的创新无疑为经济学家开拓了一个新的视野，在冯·诺伊曼和西方经济学家奥斯卡·摩根斯坦合作完成的名著《关于博弈和经济行为的理论》以及斯蒂格勒（1961）完成《信息经济学》以后，博弈论和信息经济学逐步融入西方经济学，在20世纪70年代和80年代，信息经济学与博弈论构成了西方主流经济学的前沿阵地，信息经济学认为并不存在完全信息的市场，这就把古典经济学中的"一般均衡理论"大大向前推进了一步。

在信贷配给理论的研究中，信息和信息不对称是两个核心概念。按照信息论的创始者申农（Shanno）的定义，信息是指用来消除不确定性的东西，而在现代信息经济学中，信息是指参与方有关博弈的知识，分别是有关博弈的选择，其他参与人的变化和运动的知识。波普（Poper）将信息分为三大类：反映客观事物及变化方式的信息；反映人类各种主观感受的运动状态和变化方式的隐性信息；反映人类的各种载体表述的客观事物的变化的显性信息。

在配给理论中另一个重要的概念是信息不对称（asymmetric information），其概念来自于阿克劳夫发表的《柠檬市场：质量不确定性与市场机制》一文，阿克劳夫的模型和框架是信息经济学里程碑式的贡献，在契约经济学中，信息不对称是指契约订立的当事人一方知道，而另外一方不知道，甚至第三方也无法验证，即使能够验证，也要花费大量的物力、财力和精力，在经济上是不划算的。

不对称信息按照时间和内容，可以分为事前（ex ante）、事中、事后（ex post）的信息不对称。发生在事前的信息不对称，可以导致当事人的逆向选择（adverse selection），发生在事后可以导致当事人的道德风险（moral hazard）。在阿罗—德布鲁范式中，存在一种"自然状态"，在这种"自然状态"下，在微观经济主体的交易行为中，双方往往因为交易的对象不同而出现信息不对称的现象，拥有信息或者交易产品的一方具有信息优势，而另外一方处于信息劣势。签约的双方在不知道对方完全信息的情况下，签订一个不完备的合约，合约执行的价格偏离了完全信息条件下处于瓦尔拉斯均衡时的市场价格，交易数量也因此而偏离了最佳的交易数量，这样的合约是无效率的。一些经济学家敏锐地意识到信息经济学的发展可能会促进信贷配给质的飞跃，并用此工具对信贷市场进行分析，得出了一些卓有见解的论文。

2.4.2 信息经济学出现以后的信贷配给理论的发展

霍奇曼（1960）在《经济学》季刊上发表《信贷风险和信贷配给》提及："银行面对一群具有固定收益分布的借款者，无论在何种利率价格上，都存在一个提供信贷供给额的最大上限；由于项目存在失败的概率，银行的预期损失便是信贷额的函数，信贷额越大意味着银行的预期损失越大。"霍奇曼在模型中最早提及违约风险（risk of default）可能是导致信贷配给现象的一个直接原因之一，认为信贷配给可能是一种均衡现象。

从图 2-3 中可以看出，银行的供给曲线由三个部分构成，第一个部分是一条水平线，第二个部分是一个斜率为正的曲线段，第三个部分是一个向后弯曲的曲线段，根据霍奇曼的解释，第一个部分是在无风险贷款条件下的曲线，只是一种存款加成的一种行为，但是随着贷款规模的扩大，违约风险加大，从而银行的贷款利率也就提高，再贷款提供曲线中超过某一个规模，在某一点上，提高利率增加的收益与违约风险的损失相抵消，同时贷款风险增加，因此信贷曲线呈向后弯曲的态势。在霍奇曼的模型中解释了信贷曲线向后弯曲及信贷配给额的存在，即所有的贷款者得到的信贷量小于其所需要的信贷量。

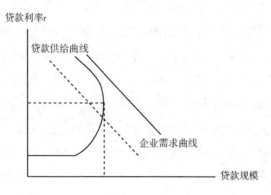

图 2 - 3　霍奇曼的信贷配给模型

弗赖默和戈登（1965）对信贷配给重新进行了诠释，认为在既定规模下，投资项目违约率随着利率的变化而变化，当投资回报率降低时，相对特定的利率，银行的确存在贷款的上限，但不能称之为信贷配给[①]，凯恩和马尔基尔（Kane & Malkiel，1965）在信贷配给理论中使用信息经济学的技术也使该理论逐步成熟。接着贾菲和莫迪利亚尼（1969）构造了 J - M 模型，其证明如果银行可以以风险甄别为基础对客户进行准确评级，就可以对借款人分别索取利率，不会产生信贷配给，而当银行无法进行差别定价，而采用一个中间利率，因为客户感觉到自己的风险程度和与贷款利率不一致时就感受到了信贷配给[②]。

这一时期最大的贡献在于运用信息经济学的技术把信贷风险分级纳入信贷配给的研究框架，是信贷配给理论根本性的革命，而最大的缺陷在于模型的内在不一致性，如果银行高估了企业的风险程度，那么企业必定转向另外一家银行，获得更低的贷款利率，筹资成本下降，信贷配给消失。当存在着政府管制时，银行同样无法差别定价，在这里非均衡的信贷配给与均衡信贷配给混为一谈。另一个逻辑上的缺陷是，没有解释在贷款利率市场化的情况下，为什么银行没有对更高风险的客户收取更高利率而实现一般均衡的问题。

---

① 　Freimer & Gordon. Why bankers ration credit. *Quartly Journal of Economics*，1965（79）：397 - 410.

② 　Jaffee，Dwight M. & Franco Modiliani. A theory and test of credit rationing. *American Economic Review*，1969（59）：850 - 72.

2.5　信息经济学与信贷配给理论的完全融合

在贾菲和莫迪利亚尼建立 J－M 模型以后，其他的一些经济学家试图对其模型进行技术上的修正，解决理论上的遗憾。1970 年阿克洛夫、罗斯柴尔德和斯蒂格利茨（1972）把不完全信息纳入信贷配给市场的研究当中，认为经济中可能包含不同风险和不同收益的项目[①]。当银行对不同资本比例的企业索取相同的利率时，信贷配给是一种帕累托改进。1976 年贾菲和拉塞尔（1976）曾经假设，如果银行只有一个利率水平，所有的企业都会求贷，而能偿还贷款的只是一些"好"的企业，如果银行可以采取竞争性利率的话，那么银行因为竞争性利率而获得的更高的收益将会弥补因为坏账而导致的损失[②]。同时，银行可以限制借款人的贷款水平，那么银行受到损失的风险会大大降低。

斯蒂格利茨和韦斯（1981）年在对金融深化理论进行批判时发表了有关信贷配给理论的"不完美市场中的信贷配给"，构造了 S－W 模型，该模型对麦金农的金融深化理论提出了质疑，否定了信贷市场上只有利率（价格）机制在起作用，当存在金融抑制时，市场利率低于均衡利率，银行只能低效配给信贷资金，只要通过金融深化，提高或放开利率，使之达到均衡利率水平，市场就会出清，信贷配给也会消失，从而实现贷款优化分配。斯蒂格利茨和韦斯肯定了信贷市场上即使没有政府干预，信贷也同样会长期存在的理念，并提出，因为信贷市场上的信息不对称，银行无法准确甄别企业的类型，在提高贷款利率时会出现逆向选择和道德风险两方面的效应，前者是指一些低风险低收益的企业首先会退出信贷市场，贷款企业的平均风险上升，逆向选择效应出现；另一方面，如果银行提高了贷款利率，也会使取得贷款的企业

---

①　Akerlof. The market for lemons: qualitative uncertainty and the market mechanism. *Quarterly Journal Of Economics*, 1969 (84): 488 – 500.

②　Jaffee, Dwight & Tommas Rassel. Impefect information, uncertainty and credit rationing. *Quarterly Journal Of Economics*, 1976: 651 –66.

产生了从事高风险项目的激励，因此出现道德风险。两种效应都会使银行因贷款风险增大从而预期收益减少。当银行因提高利率而获得的收益小于两种效应而导致的损失时，银行的总体收益下降。因此银行的收益曲线是一条随利率的升高先上升后下降的非线性函数，斯蒂格利茨和韦斯的模型再一次印证了霍奇曼的模型中信贷曲线向后弯曲及信贷配给额存在的结论，另外，斯蒂格利茨和韦斯证明了即使存在着抵押品，也并不能消除逆向选择和道德风险，从而减少信贷配给。信贷配给理论是新凯恩斯主义理论体系的重要组成部分，它和工资黏性以及货币的非中性构成了新凯恩斯经济学三大理论支柱。S－W模型虽然没有用博弈论明确地将银行间的竞争模型化，但是却暗含了博弈论的一个规则，即银行是价格的制定者，银行家把利率需求当作已知来规定。

曼昆（1986）拓展了信贷配给理论，重申了非对称信息在对于信贷配给的重要性阐明了在自由的信贷市场中存在着多重均衡，当货币政策致使利率提得很高时，借款者会退出市场，造成整体社会福利的损失，因此，政府应该干预信贷市场，用信贷补贴、担保等形式促进贷款量增加，从而鼓励投资，增进整体社会福利。

威廉姆森（1987）基于汤森（Townsend，1979）[①]，盖尔（Gale）和黑尔维希（1985）的有成本的静态检验范式（costly Stat Verification Paradigm）提出了另外关于信贷配给的理论解释[②]。威廉姆森也将银行期望收益与利率之间关系的非单调性变化归因于信息不对称，但与S－W模型强调事前的信息不对称相比，在威廉姆森的模型中，道德风险主要来自于关于项目收益的事后信息的不对称性。威廉姆森认为不考虑道德风险和逆向选择，监督成本（montoring cost）也可以导致信贷配给。如果银行要对借款人进行监督，其预期的监督成本会随着利率的增加而增加，从而降低银行的预期收益。该解释有两个优点：它调整了标准债务合同的应用，并且不需要对收益分布做出过

① Townsend, R. M.. Optimal contracts and competitive markets with costly state verification. *Journal of Economic Theory*, 1979：265－93.

② Williamson, S. D.. Costly monitoring, financial intermediation, and equilibrium credit rationing. *Journal of Monetary Economics*, 1986（18）：159－179.

多的假定。将威廉姆森的理论简单总结如下：当违约成本对于贷款方而言过高时，贷款名义利率的提高最终会减少银行的净收入，原因在于加息会增加贷款方违约的概率。

赖利（1987）借用 S－W 模型中的假设和结论，认为在银行无法提前对厂商进行甄别的情况下，对 S－W 模型重新进行分析，如果银行能够区别不同类型的风险种类，认为当分组不多的情况下，边缘组的信贷配给才是最重要的。他的论点是，当分组较多时，则边缘组的借款人较少，从而信贷配给也不那么重要①。极端的情况是边缘组可能只有一个借款人，那么就无所谓信贷配给了，并进一步认为斯蒂格利茨和韦斯模型所描述的信贷配给并不常见。黑尔维希（1987）用更为复杂的博弈模型检验了银行拒绝放贷款的情况，证明均衡永远存在，并且均衡可能是集合均衡，重新引入了信贷配给的可能性②。到 80 年代末期，信息经济学已经走入了西方经济学的主流世界，也逐步为人接受，这个时期的文献已经充分领会到信贷约束和信息经济学的精髓，单期理论在此阶段也走向了成熟。

2.6　理论条件逐步放松：由隐性合同到抵押品引入

把信息经济学引入信贷配给模型以后，取得了拓展性的成果，其理论已经逐步接近现实本身，但是风险厌恶的假设却拒绝了模型的进一步解释。在 80 年代以后，经济学家对于配给模型的视角逐步放开。如惠滕（1983）扩展了借款人在风险中性条件下的信贷配给模型，证明风险中性的条件下，银行的抵押品是信贷配给模型的内生变量，至此影响信贷配给的因素大大地前进了一步，其框架也逐步完善。贝斯特尔（1985）推导了抵押品在信贷配给模型中的作用，增强了模型的解释力，他指出在财富不受约束的条件下，有成本的抵押品更能

---

　　① 　Riley. Credit rationing：a further remark. *American Economic Review*，1987（77）：224－227.

　　② 　Joseph E. Stiglitz & Andrew Weiss. Credit rationing in market with imperfect information. *American Economic Review*，June 1981.

作为银行甄别客户的工具①。假设市场上有两种类型的企业，高风险和低风险的企业，银行设计两种信贷合约，一类是高利率而低抵押率，另外一类是低利率而高抵押率的合约，高风险类型的企业因为预见到自己的失败概率很高，必然选择高利率、低抵押率的合约，而低风险的企业却做出相反的选择。在这个假设的基础上，企业无法伪装自己的类型，这个模型的最大贡献在于提供了风险企业的甄别机制，提供了两类均衡，银行可以通过企业对抵押品数量变动的反应敏感程度来分离高风险和低风险的贷款项目，降低了银行的风险。

乔尔·弗里德和彼得·豪伊特将劳动经济学中的隐性合约理论运用到对不完备信息条件的信贷市场的分析当中，弗里德假设在不对称信息的信贷市场上，银行并不比借款者更厌恶风险，银行与企业之间存在着隐性合约，规定了银行与企业之间风险分担的比例，并且涉及未来的交易量和交易价格，在乔尔·弗里德和彼得·豪伊特的模型中，银行没有通过提高贷款利率使更多的借款人获得贷款，从而获得更大收益的原因在于，如果银行与企业签订了隐性合同必然是最优的合同，如果银行要改变信贷合约，必然偏离最优均衡，不利于银行与已获得贷款客户之间合约的执行。违约的成本越大，就越有可能出现信贷配给，这个理论和劳动市场就业理论一样，同样受到隐性合约存在性的非议。

2.7 由单次博弈到多次博弈：声誉机制的解释

上述理论都围绕着银行与企业一次博弈的过程进行研究，而在现实的经济生活中，经济主体的博弈往往是多期的，为此，伊顿和哥索维茨（1981）构造了精练均衡来求解信贷配给的原因，他们的模型证明，在长期，借款人

---

① Beseter, H.. Screening versus rationing in credit market swith imperfect information. *American Economic Review*, 1985 (75): 850–855.

必须归还贷款，如果借款人的违约导致自己丧失声誉，将面临严厉的信贷配给①。夏皮罗（1983）构造出一个行动主义的声誉模型，其中假定所有的贷款人和借款人都参与多期博弈，其中声誉以对过去行为的直接推断为基础，由贷款人和借款人之间的多次博弈而形成，声誉机制形成以后，对信贷配给机制的形成起到了基础性作用②。伊顿、哥索维茨和斯蒂格利茨（1986）证明，在多期模型中贷款人有可能有意愿向借款人继续贷款而将拖欠推迟。因此，发生违约实际上必然是贷款人与借款人之间共谋的结果：贷款人必然拒绝在借款人认为可接受的条件下继续贷款。其实违约产生实际成本（破产或者公司重组的成本），就应当存在双方可同意避免违约的安排。

施密特·莫尔（Schmidt Mohr，1997）在对前人的研究进行归纳的基础上，假设贷款项目在技术上是可分的，并引入了广泛的风险中性假设，从而不仅使抵押品而且使贷款额成为企业和银行的内生决策变量。在莫尔的模型中，当借款人为风险厌恶者时，贷款额也可以充当风险类型的分离装置（sorting device）③。莫尔还分析了在竞争性市场和垄断性市场上信贷配给的差别，指出贷款的数量配给和信贷风险的自我选择（selection）常常并存于信贷配给之中。

戴蒙德（1987）证明声誉机制对于不完全信息下信贷市场的作用。首先，银行面对着无数求贷的借款者，无法准确鉴别其中的高风险者，银行与借款者之间首次博弈注定会出现逆向选择和道德风险，那么银行提高利率的结果是一部分高风险的贷款者取得了贷款，并且从事高风险高收益的项目，市场筛选的结果是一部分贷款者违约，另外一部分贷款者履约，履约者还款，其借款声誉提高，那么银行制定的利率逐步下降。根据前面的分析可以得知，低利率必定刺激企业从事低风险的一些长期项目，未来还款概率上升；当声

① Eaton, J., M. Gersovitz. Debt and potential pepudiations. *Review of Econmic Studies*, 1981 (48): 289 – 309.

② Shapiro. Premiums for high quality products as returns to reputation. *Quarterly Journal of Economics*, 1983 (98): 659 – 679.

③ Udo Schmidt-Mohr. Rationing versus collateralization in competitive and monopolistic credit markets with asymmetric information. *European Economic Review*, 1997, Vol. 41, issue 7, 1321 – 1342.

誉机制带来的收益高于因为逆向选择所带来的损失时，银行的收益才有可能最大化。模型通过信用评级（credit rating）来界定贷款企业的声誉；这种信用评级相当于企业的一种无形资产，而相对应于这种较高无形资产的较低贷款利率则成为对于高质量企业的一种奖励。帕加诺和雅佩利（1993）继续了关于多期理论的研究，他界定了信用组织（credit bureaus）职能，认为信用组织具有搜集借款人私人信息的功能，那么银行组织从信用组织中获得信息就可以对潜在的借款人的声誉有进一步的了解，减少因为逆向选择而导致的风险损失。他们的模型中认为，当信贷市场相对成熟，借款人依赖性变弱，银行竞争准入壁垒很高时，对于信用组织的要求就是要求一个社会公共信息机构的出现。德瓦特里宠和马斯金（Dewatripont & Maskin, 1995）认为银行的前期合同会影响到银行的当期决策：当前期贷款成为沉淀成本后，这样就会产生"软预算约束"，银行不得不继续发放贷款，中小企业的沉淀成本相对较小，其面临的预算约束要比大企业硬得多[1]。信贷的分散化（credit decentralization）可以解决这个问题。因此他们的结论是，由中小银行来为中小企业提供贷款要比由大银行为中小企业提供贷款更为有效。

对于多期模型的研究从思路上扩展了信贷配给模型的发展空间，但是，在理论的发展上却缺乏继承性，抵押品、担保和隐性合同以及其他影响信贷资源配置的因素在此却很少有人提及，对于理论的前进来讲，无疑是一种缺憾。

---

① Dewatripont & E. Maskin. Credit and efficiency in centralized and decentralized economies. *Review of Economic Studies*, 1995 (62): 541–555.

第3章　市场经济国家信贷
配给模型的建立

3.1　完全信息条件下的信贷市场的均衡

为了解释市场经济国家的信贷配给模型，首先引入完全竞争的信贷市场模型，虽然在 20 世纪 70 年代以前，有关银行的微观经济理论是不现实的，包括阿罗—德布鲁的简单均衡模型，都得出了令人沮丧的结论。但是为了后边分析的方便，我们首先引入完全竞争（perfect competition）的信贷市场模型，或是一种完全不受阻碍和干扰的竞争信贷市场结构。

第一，市场上有许多银行与企业，每一个银行的贷款供给量与企业的需求量只占信贷市场极小一个份额。因而，没有一个能对市场价格（均衡利率）产生影响，任何一个银行与企业只是利率的接受者。

第二，信贷产品是同质的，银行不能凭借信贷产品差别对市场实行垄断。

第三，信贷市场的信息是畅通的，银行对企业的资金需求及其用途了如指掌。

具有上述条件的市场是完全竞争信贷市场。在完全竞争市场的条件下，对于整个信贷市场，企业的贷款需求曲线是一个斜率为负的倾斜曲线，银行的供给曲线是一条向右上方倾斜的曲线。整个行业的价格由这种需求和供给决定。

在图 3－1 中曲线 D 为企业的资金需求曲线 $Q_d = \alpha - \beta r$，曲线 S 为信贷市场的供给曲线 $Q_s = -\gamma + \delta r$。需求曲线和供给曲线相交于点 E，点 E 为均衡点。在均衡点时，市场的信贷供应量和需求量是相同的，这样的状态是信贷的供给和需求双方都达到满足的均衡状态，市场出清。根据上述线性需求函数与线性供给函数的一般形式，再加上一个均衡方程式，即可构成一个完全竞争市场模型的基本方程式：

$$\begin{cases} Q_d = \alpha - \beta r \\ Q_s = -\gamma + \delta r \\ st : Q_d = Q_s \end{cases} \tag{3.1}$$

其中，α，β，γ，δ 为正。

对方程求解，可得均衡条件：

$$\begin{cases} r^* = \dfrac{\alpha + \delta}{\beta + \gamma} \\ Q^* = Q_d = Q_s = \dfrac{\alpha\gamma - \beta\delta}{\delta + \gamma} \end{cases} \tag{3.2}$$

当信贷市场的价格（利率）偏离均衡利率，市场上出现资金的需求和供给量非均衡状态。如果市场利率高于均衡利率，一方面，市场上会出现资金供给过剩或者超额供给的市场状况，必然引起银行的竞争，竞相降低价格并逐渐减少供给量；另一方面，资金需求者因为利率的降低而逐步增加贷款量，竞争的结果将使利率不断下降，供求关系趋于一致，最终达到均衡利率和均衡贷款量。相反，如果利率低于均衡利率，当实际利率偏离均衡价格时，市场上总存在着变化的力量，最终达到市场的均衡或市场出清。

本节通过对完全竞争的银行和企业的均衡分析，说明完全竞争条件下市场均衡利率的决定，但是非常遗憾地看出，这个模型本身的严格假设使得模型与现实之间存在着相当大的差异，当考察了信贷市场的现状，就可以发现，用这样一个高度抽象的信贷市场模型来刻画真实的信贷市场是无法令人信服的。

第一，关于完全竞争信贷市场的假设是非常严峻的，如信贷产品的同质性以及信息的完备性，市场上大量的交易者都可以掌握与自己相关的信息，交易双方知道特征、策略空间以及收益函数，这些条件都完全满足的情况在现实经济生活中不可能出现。

　　第二，在完备市场的条件下，暗含的一个假设是，任何一个银行都是按照边际成本等于边际收益这一利润最大化原则提供贷款。事实上，在现实的信贷市场上，并没有真正能够完全按照这一原则提供资金的银行。

　　第三，完备市场的假定中，另外暗含的一个假设是，借款人是没有偏好的。这样的假设同样与事实不符。

　　因此，这个模型虽然为信贷市场的分析提供了一个非常好的思路，但是由于其严格的假设，大大削弱了模型的解释力。在信贷市场上，交易的双方信息不对称、产品不同质以及其他一些要素的加入，使信贷市场上不一定能够出现完美的瓦尔拉斯均衡状态，市场也随之出清。信贷市场上一定存在着另外一些机制，这些机制决定了信贷市场上的均衡。

3.2　不完全信息条件下微观主体的收益

3.2.1　有关模型分析的几点假设

　　首先我们建立一个不完全信息条件下的简单信贷市场模型。这个模型面临着比较严格的约束：

　　假设之一，银行与企业之间的信息不对称。并不存在完全意义上的瓦尔拉斯均衡条件，信息不对称（imperfect information）是指在有经济关系的双方中，一方拥有私有信息，而另一方不拥有私有信息。私有信息具有经济价值，获得需要代价。本文涉及的信息不对称情况，是指银行对其他的参与人（主要是企业）的特征、策略空间以及收益函数了解得不够准确，或者不是对所有的参与人（企业）的特征、策略空间和收益函数都有准确的信息。银行与企业之间的信息不对称有两种类型：第一种类型是外生的不完全信息，不是银企双方造成的。如企业经营者无疑对企业真实的财务状况更加清楚，而银行等外部信息使用者由于置身企业之外从而决定了他们难以像企业经营者一样清晰准确地知晓企业的财务状况，作为投资者的角色存在的企业比银行更加了解他们即将开发项目中的"质量"。信息经济学称之为隐藏信息模型

(hidden information model)。另外一种信息不对称是银行和企业之间签订合同或者建立契约关系的当时，信息是对称的，双方拥有同样的信息，而在合同或者契约制定以后，银行无法知道企业的下一步的选择或者无法管理、约束、监督其行为，信息经济学称之为隐藏行动模型（hidden action model），这种信息不对称不是外生的，而是内生的，银行企业之间的这种内生的信息不对称主要是取决于借款企业下一步的行为。

假设之二，企业的市场原则。为了更好地分析银行的行为，我们首先定义一个简单的信贷市场。在这个信贷市场中，银行是按照现代企业制度构建的，其经营目标是长期的利润最大化。利率是由市场关系形成的，并没有国家干预。银行借贷资金的成本由市场法则形成，其中包括资产的折旧、债务的偿还，财务状况反映的是市场收支状况。企业的财务状况记录、分类、合并、调整的原则和数据处理要符合市场经济条件下的动作原则。企业的形成、发展以及倒闭受制于企业法和相关法规的规定。

假设之三，稳定政策的假设。包括稳定的政府为现代企业维持的一个稳定的环境，有充足的制度安排，政治制度和法律制度相对比较健全，各种寻租行为和腐败行为相对较少。信贷市场属于一个较为理想和无摩擦的金融市场，但是由于信息不对称的存在，存在着金融中介。

假设之四，金融合同持续性假设。银行在处理金融契约（存款或贷款）时，具有持续性，严格按照双重支付，双重归流的形式来进行，金融契约不能出售①，银行在资产负债表上持有这些合约一直到合同到期，不存在抵押品②。

假设之五，信贷市场是一个同其他市场割裂的市场，表现为长期的排他性和重复借贷。

假定之六，商业银行基本属于风险厌恶型，银行不仅关心其名义收益率，还要关心收益的风险程度，在相同预期收益的情况下，银行先满足风险较小的企业的贷款要求，面对相同的贷款条件，商业银行几乎作出同样的决策。

---

① 资产证券化的形式可以把银行同企业的契约出售，但是这部分在本章讨论的范围之内，为了方便分析，这里假定信贷合约由银行持有，不能流通。

② 虽然抵押品一般是企业从银行取得贷款的必要条件，但是后边的分析，我们要把抵押品作为一个变量引入，为了分析的连续性，我们这里暂且假定企业从银行借贷不需要抵押。

3.2.2 企业的微观收益模型

（1）借款的需求。

对于借款的需求是借款者在一定时期内在各种可能的利率条件下愿意借贷的数量。在一个特定的时期，借款是由许多因素决定的。其中主要的因素包括利率、借款替代品（如债券和股票等直接融资）的价格、借款者的投资意向以及借款者的融资偏好和其对于未来借款的预期。借款的需求可以成为所有影响借款需求量因素的函数：

$$Q_d = f(r, x_1, x_2, \cdots, x_n) \tag{3.3}$$

其中，r 为利率，x_1，x_2，$\cdots$，x_n 为影响贷款量的其他因素。

为了简化分析，在这里，假定其他条件不变，仅仅分析利率对于信贷量的影响，放松该假定不影响分析的结果，那么需求函数就可以用函数 $Q_d = f(r)$ 表示，因为利率不会无限制地上升或者下降，因此此限定利率的浮动范围为 $r_l < r < r_h$，在此范围内，有 $Q'_d = f'(r) < 0$，因为一般情况下，对于一个理性的借款者来说，借款的成本越低，其借款的量就越大，借款成本高，其需求就相对来说降低。如图 3 - 1 所示，贷款的需求曲线为一条向下倾斜的，斜率为负的曲线。

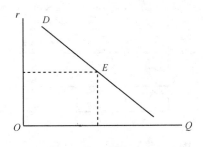

图 3 - 1　贷款的需求曲线

（2）企业的微观收益模型。

假设 1：信贷市场主要资金供应者是商业银行，面对相同的贷款条件，商业银行几乎作出同样的决策；商业银行吸收存款总量为 D，银行吸收存款的平均利率 r_D，贷款利率为 r_L。

假设 2：市场上的资金主要需求者是企业，针对每个企业的项目，其自有资金为 W，需要贷款量为 B。如果企业不能申请到贷款，则项目无法进行，其收益为把自有资金放在银行，获得无风险收益 $W \cdot (1 + r_D)$；如果获得贷款，项目有两种可能的结果，成功或失败。项目成功的概率为 $p_i (i = 1, 2, 3, \cdots, n)$，不成功的概率为 $1 - p_i$；项目收益为 R_i，如果不成功，企业损失为 c。

假设 3：企业都是风险中性的。

根据上面的假设，可得企业的预期收益为：

$$E(\pi) = p_i [R_i - (1 + r_L)B] - (1 - p_i)c \qquad (3.4)$$

根据企业风险中性的假设，企业投资项目获得的收益必然要大于其把自有资金放在银行中获得无风险收益，因此企业申请贷款的条件为：

$$E(\pi) > W(1 + r_D) \qquad (3.5)$$

另外，根据斯蒂格利茨和韦斯的证明[①]，企业具有高风险高收益的特性，假定利润与风险度正相关。用 θ 表示企业的风险程度，借款人的收益函数可以用其风险度来表示，$E(\pi) = f(\theta)$，企业的收益同风险负相关。如图 3 - 2 所示：

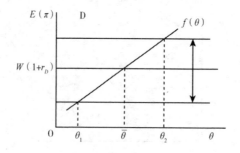

图 3 - 2 贷款的风险和收益

---

① 本杰明·M. 弗里德曼，弗兰克·H. 哈恩. 货币经济学手册 [M]. 北京：经济科学出版社，2002.

根据上面的论证，可以看出，企业贷款的必要条件为：

$$E(\pi) = E(\pi_i) = p_i[R_i - (1+r_L)B] - (1-p_i)c = f(\theta) > W(1+r_D) \quad (3.6)$$

随着企业进行项目的风险度提高，其收益和风险程度都随之提高，当其收益程度高于 $W(1+r_D)$ 时，企业风险中性的假设激励其申请贷款，否则，企业宁可不投资也不从事贷款项目。那么 $W(1+r_D)$ 就成为企业贷款的分界线。同时还可以看出，如果银行提高贷款的利率，$W(1+r_D)$ 必然上升，因为企业贷款的临界点上升，如图 3 – 3 所示，如果利率上升，风险度从 $\bar{\theta}$ 到 θ_2 的一些企业将放弃申请贷款，而申请银行信贷的必然是一些高风险的企业。如果利率下降，那么贷款的风险度也将随之降低。

3.2.3　商业银行的微观收益模型

我们按照巴尔滕施佩格（1978）的观点，信贷配给是即使当某些借款人愿意支付合同条款里的所有的条件，包括抵押和担保，仍然满足不了贷款请求。如果借款人的贷款需求因为是缺乏足够的担保和抵押，则不能称之为出现了信贷配给。首先我们对银行的贷款收益进行考察。对于信贷曲线的形状，霍奇曼（1960）已经用违约风险做出了一个相关的解释：

当企业的投资项目可能结果为 X，以 $k < X < K$ 为界，概率密度为 $f(x)$，约定偿付金额为 $(1+r)B$，由贷款规模 B 和贷款利率 r 决定。如果发生了违约，该银行可以得到收入 X。那么对这笔贷款，银行的预期收益为：

$$\Phi = \int_{k}^{(1+r)B} Xf(x)\,\mathrm{d}X + \int_{(1+r)B}^{K} (1+r)Bf(x)\,\mathrm{d}X - (1+\delta)B \quad (3.7)$$

银行预期收益公式可以推导出贷款提供曲线具有以下特点：

（1）在小规模贷款区域内，无风险贷款 $[\beta < k/(1+\delta)]$ 条件下，贷款提供曲线是位于贷款利率 δ 上的水平线。

（2）在违约规模增大的区域内，贷款曲线具有正的效率，因为贷款规模越大，违约的可能性也越大，从而补偿给银行的贷款利率就越高。

（3）在贷款曲线上有一个最大的贷款规模点 B^*。在某一点，约定的偿付金额$(1+r)B$就会等于企业的最好结果K，那么违约一定会发生。

我们从霍奇曼的研究出发，进行银行预期收益的分析。在现实中，银行的收益主要包括利差收益和中间业务收益，在下面的分析中，为了方便分析，我们假定银行只从事传统的存贷款业务，并没有中间业务收入，银行在获得存款以后，按照中央银行的要求交纳法定准备金以后，把这些资金贷出，以获得收益。如果银行的法定准备金率为r_E，那么银行的收益可以写成：

银行单个项目的收益函数：

$$E_i = p_i B(1 + r_L) + (1 - p_i)c \tag{3.8}$$

假定p在（0，1）区间上密度函数为$f(p)$，分布函数为$F(p)$，那么所有申请的贷款项目的平均成功概率为：

$$\bar{p}(r) = \int_0^{\infty} p f(p) \, \mathrm{d}p \tag{3.9}$$

而银行的总收益函数为：

$$\prod_B = \sum_{i=1}^{n} E_i + (D - L)r_\delta - Dr_D$$
$$= \sum_{i=1}^{n} p_i B(1 + r) + \sum_{i=1}^{n} (1 - p_i)c + (D - L)r_\delta - Dr_D \tag{3.10}$$

其中，$(D - L)r_E - Dr_D$是一个固定的值，而$\sum_{i=1}^{n} p_i B(1 + r) + \sum_{i=1}^{n} (1 - p_i)c$却呈现先上升后下降的变化过程，我们定义银行利润最大化的利率为r^{*}[①]。

3.3 不完全信息条件下信贷市场的均衡

3.3.1 风险中性型银行的信贷配给模型

假设银行是风险中性的；银行与企业的信息是对称的，但对称也仅限于

[①] 根据斯蒂格利茨和韦斯的论证，银行期望利润上升的程度要慢于利率的增加，因此，当利率上升到一个边界的时候，银行的收益水平一定会下降，我们将银行收益最大化的利率定义为r^{*}。

二者都了解投资项目的风险状况，银行与企业经营者都知道投资项目的风险收益状况，并且银行不存在监控成本。即使企业的经营者有可能在项目成功后也不归还贷款，但银行作为市场垄断者，可以根据不同贷款企业的风险收益分布状况制定不同的利率。银行为了保证自身利益最大化，只能让借款人恰好处于借款边界上。但是，此时对于银行来说，单位贷款收益只有：

$$E(\pi_B) = \sum_{i=1}^{n} p_i B(1 + r^*) + \sum_{i=1}^{n} (1 - p_i)c \tag{3.11}$$

$$U(L,r) = E(\pi_B) \cdot L + (D - L) \cdot r^* - (1 + r_D)D \tag{3.12}$$

$$s.t. L \leqslant D$$

其中，$D - L$ 表示商业银行除贷款以外的低风险资产。

$U(L,r)$ 对 L 求偏导：

$$\frac{\partial U(L,r)}{\partial L} = E(\pi_B) - r' = 0 \tag{3.13}$$

即得商业银行的边界放款条件：

$$E(\pi_B) = r^* \tag{3.14}$$

当单位贷款收益 $E(\pi_B) > r^*$ 时，银行将选择放贷；反之，商业银行会增加自己的低风险资产，减少对企业的放款。

若 $E(\pi_B) > r^*$ 时，

$$\frac{\partial U(L,r)}{\partial L} > 0$$

此时，如果商业银行是风险中性的，除了必要准备金和备付金以外，银行可以贷出所有的资金。

3.3.2 风险厌恶性型银行的信贷配给模型

假设银行是风险厌恶的，则银行不仅关心其预期收益量，还要关心收益的风险程度。P_i 越小，贷款的违约风险就越大。在相同预期收益的情况下，银行将先满足风险较小的企业的贷款要求。因此，银行贷款的风险将随贷款数量的增加而增加。借贷市场中存在逆向选择和道德风险问题，贷款对象不同，银行采取的策略也不同。按照信息对称的程度，企业的类型可以分为两类。一类企业由于和银行之间存在着多期交易，企业投资的收益与方差为银行所了解，银行不仅了解企业的情况，也相对了解企业所在行业的情况，我们称为信息对称的企业。另一类企业的投资和方差为银行所不了解，由于企业和银行的交易发生的过程比较短暂，银行要了解企业的风险情况，要付出成本，我们称之为信息不对称的企业。银行在放贷时在定价策略上也有所甄别：对于与其信息对称的企业，可以依靠其垄断力量根据不同企业制定不同的利率；对于与其信息不对称的企业，则只能在央行制定的基准利率和利率浮动范围内选择同一个利率，从这部分申请贷款、但存在风险差异的企业中选择一部分给予贷款。所以，银行的贷款客户也由此分为两类。

（1）银行了解第一类企业的风险信息，可以根据不同企业的风险状况确定不同的利率。假设利率的浮动范围为 $[r_1, r_2]$，r_i 为银行在利润最大化前提确定的贷款利率，$\xi(r_i)$ 为 r_i 的概率密度，银行对这些企业放款的期望利率为 $\int_{r_1}^{r_2} r_i \cdot \xi(r_i) \, dr_i$。

（2）再来关注一下后一类企业。银行由于高昂的信息成本和监控成本，无法确切地区分每个贷款企业的成功概率 p_i，只能知道平均的分布状况 $g(p_i)$。因此，企业选择借款的条件为：

$$E(\pi_i) = \bar{P}\left[R_i^s - (1+\hat{r})B\right] + P_i^* \cdot B \geq (1+\theta \cdot r)W \qquad (3.15)$$

其中，$\hat{r}$ 为商业银行在中央银行所规定的利率浮动范围内根据最大化目标对所有企业制定的利率，$\bar{p}$ 为企业投资成功的平均概率。p^* 为企业逃废债的概率①。

① 其中 p_i^* 为企业项目成功时，由于道德风险等因素不还款，造成银行损失的概率，也即这一部分损失占银行全部贷款额的比例（这一概率也适用于个别企业部分贷款不归还情况，虽然银行可以采取多种手段追款，但是在现实中 $p_i^* > 0$ 仍然是客观存在的），它独立于 p_i。

$$E(\pi_i) = \bar{p}\left[R_i^s - (1+\hat{r})B\right] + p_i \cdot p_i^* \cdot B - (1+\theta \cdot r)W = 0 \quad (3.16)$$

由于
$$\bar{\mathrm{d}}\,p/\hat{\mathrm{d}}r = \frac{-\bar{p}}{(1+\hat{r})} < 0 \quad (3.17)$$

所以，当 $\hat{r}$ 升高时，边际借款申请企业的 $\bar{p}$ 减小，而且，由于只有成功概率 p_i 小于边际申请企业的 $\bar{p}$ 的企业才会申请贷款，因此申请贷款群体的平均风险将增大。对于银行，其对这部分企业的贷款的预期平均收益为：

$$E(\pi_B) = (1+\hat{r})\frac{\displaystyle\int_0^{\bar{p}} p_i\delta(p_i)\,\mathrm{d}p_i}{G(\bar{p})} \quad (3.18)$$

其中，$G(\bar{p})$ 为 p_i 的分布函数。

我们假设第一类企业贷款数额在银行贷款总额中占比为 $a/(a+b)$，第二类企业则占 $b/(a+b)$。所以，银行的目标函数及其约束条件可以描述为：

$$U(L,r) = \left[a\int_{S_1}^{S_h} r_i \cdot \xi(r_i)\,\mathrm{d}r_i + bE(\pi_B)\right] \cdot \left[L \cdot (1 - p_i^*)\right]$$
$$+ (D-L)r' - (1+\rho)D \quad (3.19)$$

这样，银行的利益最大化行为由下述条件描述：

$$\frac{\partial U(L,\hat{r})}{\partial L} = \left[a\int_{S_1}^{S_h} r_i \cdot \xi(r_i)\,\mathrm{d}r_i + bE(\pi_B)\right] - r' = 0 \quad (3.20)$$

同时，银行的目标函数对 $\hat{r}$ 求偏导，我们就得出了与齐志鲲（2002）几乎完全相同的结论，即：银行信贷供给曲线是一个"顶部平缓的类似梯形的曲线"[①]。

3.4　抵押和担保对于信贷配给的影响

在一个充满风险的市场上，商业银行通过配给手段进行资金配置，那么

---

① 齐志鲲. 银行惜贷、信贷配给与政策有效性［J］. 金融研究，2002（8）.

是否增加抵押和担保可以增加银行的安全性？当投资资金有超额需求时，银行可以通过要求企业增加抵押和担保要求来增加贷款的安全性，从而减少违约风险来增加自己的安全性。罗斯柴尔德和斯蒂格利茨（1971）[①] 指出：如果银行同时增加了利率要求和最低抵押品的要求，信贷配给有可能消失，理由是银行可以提供一系列合约，从而揭示其风险特征，在这种情况下，信贷配给不会发生。巴斯特（1987）[②] 也试图通过考虑合同菜单将信贷市场的银行策略模型化。在巴斯特的模型中，有 N 种风险类别的扩展模型，构建模型的难点在于：第一，财富的约束不受限制，而事实上，企业家的财富限制了抵押量的要求；第二，如果没有限制，最优贷款合同应该提供完全的担保。在巴斯特的模型中，财富不受约束，抵押有成本，所有将完全担保作为解决方案是低效的，每家银行的策略是提供两种不同的贷款合同（r_a^*，r_b^*），一份合同是高风险的，另外一份合同是低风险的，如果企业家是离散的，那么企业家的策略是，不同的借款人挑选不同的合同以及不同风险类型，高风险的借款人将选择高利率、抵押品要求少的贷款合约，而低风险的借款人将选择低利率，抵押品要求多的贷款合同。巴斯特还证明了如果均衡存在，银行用抵押品区分不同的借款人类型，不会出现信贷配给，在合同中增加抵押等非价格条款将有助于避免信贷配给的发生。

事实上是否存在这样的效应呢？关注一下抵押贷款的逆向激励和正向激励。抵押的正向激励是，如果企业贷款的项目失败以后，银行可以通过变现抵押品的方式来弥补其损失，提高还款的可靠性，减少坏账的可能性，增加银行的收益。

贷款的逆向激励有两个重要因素，如果随着信贷抵押品比率的增加，相同的抵押品能够带来的贷款余额相对比较少，那么贷款企业只能从事比较小的项目，这些项目对企业来说并不是最优的，而从事这个项目带来的风险性增加，有可能带来项目的损失，进而造成银行的风险。增加担保的要求可能

---

① Rothschild, M. & Stiglitz. Incresing risk：definition. *Journal of Economic Theory*，1971（2）：225 - 243.

② Beseter, H. . Screening versus rationing in credit market swith imperfect information. *American Economic Review*，1985（75）：850 - 855.

会吸引净资产比较高的客户的参与，而净资产比较高的客户可能是那些在过去的风险项目上获得成功的人，因此更具风险偏好性的特征[1]，如果取得了贷款，他们将继续从事高风险的投资，从而可能带来风险的损失。

假设所有的厂商都具有相同的效用函数 $u(w)$，并且都是风险厌恶性的，则：

$$u'(w) > 0, u''(w) < 0 \tag{3.21}$$

银行不知道企业的自有资金，也不知道企业投资的项目，只有一个与贷款抵押 C 和 r 相关的贷款合同。那么合同存在着一个甄别机制，存在着临界值 (w_0, w_1)，所有的企业将在 (w_0, w_1) 中贷款。如果申请贷款的企业分成两个组，拥有较多抵押品的企业和具有较少抵押品的企业。如图 3-3 所示：在区域 I，两种类型的企业都申请贷款，抵押贷款的增加会降低银行的风险，增加银行的收益。但是随着抵押品要求的提高，对于拥有抵押品比较少的企业将陆续退出申请，而能申请到贷款的企业拥有大量资产，但是拥有较高抵押的企业，往往是风险度比较大的企业，整体风险上升，并且贷款人减少将导致银行整体收益的下降。

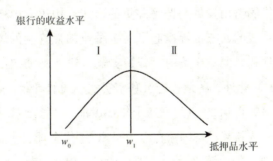

图 3-3 银行的收益水平与抵押品

① Joseph E. Stiglitz & Andrew Weiss. Credit rationing in Market with imperfect information. *American Economic Review*, June 1981.

第4章 经济转型期利率配给效率分析

4.1 利率管制条件下的信贷配给

4.1.1 利率管制概述

历史上，著名学者亚里士多德、洛克、亚当·斯密和凯恩斯等都论及利率管制。银行业在经历了 18～19 世纪相对自由的发展之后，到 20 世纪上半叶逐渐演变为现代的自由发展与监管并重的模式。1929～1933 年的金融危机之后，以美国为代表的西方世界掀起了对金融业加强管制的风潮。1933 年著名的旨在限制存款利率的"Q 条例"开始实施，到了 1965 年，美国联邦法禁止年利率超过 7%，此外，各地普遍对利率实施不同的管制，全国只有三个州没有法令管制利率。直到 20 世纪七八十年代以前，大多数国家都存在不同程度的利率管制。一些新兴经济国家在经历了 80 年代全球自由化和放松金融管制（包括利率管制）的浪潮之后，尝到了 1997～1998 年东南亚金融危机带来的恶果，反省之余，有些国家和地区又重新拿起了管制的武器。中国等经济转型国家，由于脱胎于计划经济模式，金融市场不发达，大多数仍然在实施广泛的金融管制（金融机构准入、业务范围和利率管制），同时也在探索能提高效率的放松管制道路。

利率管制法案一般有三大目标：保护小贷款者，特别是农民利益，限制贷款者的市场垄断权利，以及对市场力量作用下的资源分配给以管制，比如，

46

限制消费信贷以抑制消费支出，鼓励生产性支出。1965 年左右，加拿大银行和金融皇家委员会总结了利率管制存在的可能理由。一是为了加强货币权威的控制系统；二是庇护金融机构，使他们免受他们不希望接受的竞争；三是保护一些小的没有经验的借款者免受金融机构的掠夺。该委员会批判了前两者，而对第三者则抱以同情的态度。至于利率管制是否能引起信贷配给，政策制定者在实施利率管制时似乎考虑不多。

许多经济学家认为利率管制会导致信贷配给。例如：霍奇曼（1963）论述了"利率管制，加上随贷款量的增加贷款风险增加……足以使理性的借款者配给信贷"[①]。古德兹瓦德（Goudzward，1968）分别在竞争市场和非竞争性市场的条件下，以价格理论中的供给和需求关系分析了利率限制对贷款分配的影响，并检验了利率和信贷配给的关系[②]。检验模型中以不良贷款率来表示信贷配给的程度，理由是不良贷款率受政策松紧的影响，反映出信贷可能性的大小。不良率越高，配给程度越低。他认为利率管制导致了信贷配给和非法高利贷融资，并提出了一个很重要的建议：如果政府要帮助穷人，则要么使他们在既定的利率下有足够的能力取得贷款，要么允许贷款者（银行）收取足以补偿其风险成本的利息率。贾菲和拉塞尔（1976）论及垄断权利并不一定意味着信贷配给，但当垄断通过非市场手段（如政府干预或卡特尔组织安排）来实现，且垄断行为受制于许多约束和限制（如利率限制）时，信贷配给就成为银行经常性的、理性的行为[③]。下面我们首先考察中国利率管制的历史和现状，然后对管制形成的配给进行分析。

4.1.2 利率管制：对财政的替代作用

1978 年，中国开始推行大规模的经济体制改革。体制改革初始阶段的重

---

① Hodgman, Donald R.. Commercial bank loan and investment policy. *Chmpaingn*, *Bureau of Business and Economic Research*, University of Illinois, 1963.

② Goudzward, Maurice B.. Price ceilings and credit rationing. *The Journal of Finance*, 1968, 23 (1): 177 – 185.

③ Jaffee, Dwight M. and Russell, Thomas. The imperfect information, uncertainty, and credit rationing. *The Quarterly Journal of Economics*, 1976, 90 (4): 651 – 666.

心是在农村进一步完善以家庭联产承包责任制为基础的双层经营体制，在城市是以增强企业活力为中心环节，国有企业改革的主线是"放权让利"和对国有企业的产权制度进行改革并建立现代企业制度。在宏观调控方面，需要对财政、税收、金融和社会保障体制进行系列配套改革。国家需要持续推进经济体制改革，主要依靠财政支持和金融支持。

从财政支持来看，经济体制改革的一个重要结果是就是整个国民收入分配格局发生了重大变化，表现在国家财政收入占 GDP 比重的持续下降。财政收入占 GDP 的比重是衡量一个国家经济运行质量的重要指标，财政收入占GDP 的比重越高，说明国家的财力越充足。中国在经济体制改革的初期，财政收入占 GDP 的比重是下降的。1978 年的 GDP 为 1132.26 亿元，当年的财政收入为 3645.2 亿元，财政收入占 GDP 的比重为 31.1%。1978～1993 年，财政收入占 GDP 的比重连续下降，到了 1993 年，财政收入占 GDP 的比重已经下降到 12% 的水平。主要原因是：第一，在计划经济时代，国民经济的运行完全围绕财政展开，政府的收入主要来源于国有企业的上缴利润，企业支出由财政计划决定。1978 年以后，政府作为国有企业所有者而获得的收益不断减少，计划经济体制外的非国有部门的大量发展，使得财政在经济分配中的垄断地位下降。第二，当时财政管理体制改革滞后，财政管理漏洞造成财政收入流失[1]。随着国有企业改革、价格体制改革的推进，国家在国有企业亏损补贴和价格补贴的支出不断上升，政府的财力也不断下降。1994 年财政制度实行"分税制"改革，无疑是一种成功的改革方式，中国在十年间迅速建立了一个现代化的财政收支体系，从形式和进程上，财政制度的改革无疑比金融制度的改革要迅速得多，但是国家的财政收入占 GDP 的比值仍然偏低，与发达国家相比仍然有较大的差距。根据经合组织的统计，2016 年，美国、加拿大、澳大利亚、法国、德国、英国的财政收入占 GDP 的比重分别为34.2%、40.7%、36.0%、50.3%、43.8% 和 41.6%，而当时我国的财政收入占 GDP 的比重仅有 17.9%。

中国人民大学财政金融学院课题组将中国财政收入占 GDP 比重不断下降

---

① 李扬. 新中国金融 60 年［M］. 北京：中国财政经济出版社，2009.

归结为四个原因：一是"费挤税"导致分配秩序混乱。费大于税，使税收收入占 GDP 的比重下降。而收费所形成的收入大部分成为部门收入，并没有成为政府可支配的财力。补充政府财力不足之举，成为分散政府财力之举，不能不说是一个失误。二是由于结构性因素的影响。在我国由计划经济体制向市场经济体制转型中，经济结构发生了很大变化，而税制结构没有进行相应调整，从而带来了宏观税负的持续下降。三是税收优惠政策过多，一方面促进了经济和各项事业的发展，另一方面也使税基变窄，宏观税负趋于下降。四是税收征管手段滞后，对纳税人偷、逃、抗、骗、欠税等行为的对策显得无力。一些地方随意改变征收方式，对应查账征收的改为"定额征收"，而定额的核定又缺乏科学依据。处罚力度不够也是造成税收流失的重要原因[①]。财政收入占 GDP 比重过低，国家财力有限，这使政府在 1994 年下定决心对财政体制进行改革，从 1995 年开始，财政收入占 GDP 的比重开始缓慢上升，到 2003 年已经恢复到 1987 年的水平（见表 4－1）。

表4－1　　　　　　　　　国家财政收入占国内生产总值的比重

年份	财政收入 （亿元）	国内生产总值 （亿元）	财政收入占国内生产 总值的比重（%）
1950	62.17		
1951	124.96		
1952	173.94	679	25.6
1953	213.24	824	25.9
1954	245.17	859	28.5
1955	249.27	910	27.4
1956	280.19	1028	27.3
1957	303.2	1068	28.4
1958	379.62	1307	29

①　中国人民大学财政金融学院课题组. 财政收入占 GDP 比重问题研究 [J]. 经济研究参考，2001（19）：20－32.

年份	财政收入 （亿元）	国内生产总值 （亿元）	财政收入占国内生产 总值的比重（%）
1959	487.12	1439	33.9
1960	572.29	1457	39.3
1961	356.06	1220	29.2
1962	313.55	1149.3	27.3
1963	342.25	1233.3	27.8
1964	399.54	1454	27.5
1965	473.32	1716.1	27.6
1966	558.71	1868	29.9
1967	419.36	1773.9	23.6
1968	361.25	1723.1	21
1969	526.76	1937.9	27.2
1970	662.9	2252.7	29.4
1971	744.73	2426.4	30.7
1972	766.56	2518.1	30.4
1973	809.67	2720.9	29.8
1974	783.14	2789.9	28.1
1975	815.61	2997.3	27.2
1976	776.58	2943.7	26.4
1977	874.46	3201.9	27.3
1978	1132.26	3645.2	31.1
1979	1146.38	4062.6	28.2
1980	1159.93	4545.6	25.5
1981	1175.79	4891.6	24
1982	1212.33	5323.4	22.8
1983	1366.95	5962.7	22.9
1984	1642.86	7208.1	22.8
1985	2004.82	9016	22.2

续表

年份	财政收入 （亿元）	国内生产总值 （亿元）	财政收入占国内生产 总值的比重（%）
1986	2122.01	10275.2	20.7
1987	2199.35	12058.6	18.2
1988	2357.24	15042.8	15.7
1989	2664.9	16992.3	15.7
1990	2937.1	18667.8	15.7
1991	3149.48	21781.5	14.5
1992	3483.37	26923.5	12.9
1993	4348.95	35333.9	12.3
1994	5218.1	48197.9	10.8
1995	6242.2	60793.7	10.3
1996	7407.99	71176.6	10.4
1997	8651.14	78973	11
1998	9875.95	84402.3	11.7
1999	11444.08	89677.1	12.8
2000	13395.23	99214.6	13.5
2001	16386.04	109655.2	14.9
2002	18903.64	120332.7	15.7
2003	21715.25	135822.8	16
2004	26396.47	159878.3	16.5
2005	31649.29	184937.4	17.1
2006	38760.2	216314.4	17.9
2007	51321.78	265810.3	19.3
2008	61330.35	314045.4	19.5
2009	68518.3	340902.8	20.1
2010	83101.51	401202	20.7

资料来源：中国财政年鉴 2013。

　　从上面的分析可以看出，中国改革开放初期的弱财政已经是一个不争的事实，那么作为张杰（1997）称之为"中国之谜"的改革进程的支持又是如何进行呢？"从理论上讲，获得金融剩余的制度安排有两种，一种是税收制度，另一种是金融制度。毋庸讳言，迄今中国一直没有寻找到一种通过税收制度获取金融剩余的有效途径"①。由于非国有经济部门的扩张，居民储蓄增加很快，而当财政无能力为国有企业输血的时候，国有商业银行体系就承担了财政的一部分功能。国家对于国有企业的补贴可以分为"明补"和"暗补"两种，明补是通过国家财政的拨款，将国家的财政收入转移给国有企业。

根据《全民所有制企业政策性亏损补贴管理办法》，为了达到对于定价问题而形成的政策性补贴，物价管理部门应当有计划地调整或者放开产品价格，予以解决。不能调整或者放开产品价格的，经财政部门审查核准，给予相应的补贴或者补偿。采取上述措施后，企业仍然亏损的，作为经营性亏损处理。对企业因经营管理不善而造成的亏损，不能给予补贴。财政部门对企业的政策性亏损，按照同行业生产经营同类产品或商品的平均实际成本、费用和平均合理利润，以及市场情况，实行定额补贴，也可根据企业实际情况实行"总额控制，减亏分成""亏损补贴总包干"等补贴办法。补贴的范围包括：

（1）生产（经营）国家指令生产（经营）并由国家统一定价的产品、商品、物资，其销售收入不足弥补企业按规定摊入的生产成本（费用）、原始进价及有关税金，而形成的亏损。

（2）承担为使国家掌握宏观调控手段而储备的商品、物资所发生的有关费用开支。

（3）因长期承担特定任务而又不具备生产经营条件的全民所有制农业企业所出现的亏损。

（4）其他按国家规定应给予的补贴②。

实际上，从1994年分税制体系到2003年，国家对于国有企业的财政补贴已经达到7287.14亿元，见表4-2。这样的财政支出对于国有企业的经营

---

① 张杰. 中国的货币化进程、金融控制及改革困境［J］. 经济研究，1997（10）.
② 全民所有制企业政策性亏损补贴管理办法. http：//www. people. com. cn/ item /flfgk/gwyfg/ 1994 /215513199401. html 1994－02－25.

来说仍然是杯水车薪。

表 4 - 2　　　　　　　　国家财政收入、税收和企业亏损补贴　　　　　　　单位：亿元

年份	收入合计	各项税收	企业收入	企业亏损补贴
1979	1146.38	537.82	495.03	
1980	1159.93	571.70	435.24	
1981	1175.79	629.89	353.68	
1982	1212.33	700.02	296.47	
1983	1366.95	775.59	240.52	
1984	1642.86	947.35	276.77	
1985	2004.82	2040.79	43.75	-507.02
1986	2122.01	2090.73	42.04	-324.78
1987	2199.35	2140.36	42.86	-376.43
1988	2357.24	2390.47	51.12	-446.46
1989	2664.90	2727.40	63.60	-598.88
1990	2937.10	2821.86	78.30	-578.88
1991	3149.48	2990.17	74.69	-510.24
1992	3483.37	3296.91	59.97	-444.96
1993	4348.95	4255.30	49.49	-411.29
1994	5218.10	5126.88	—	-366.22
1995	6242.20	6038.04	—	-327.77
1996	7407.99	6909.82	—	-337.40
1997	8651.14	8234.04	—	-368.49
1998	9875.95	9262.80	—	-333.49
1999	11444.08	10682.58		-290.03
2000	13395.23	12581.51		-278.78
2001	16386.04	15301.38		-300.04
2002	18903.64	17636.45		-259.60
2003	21715.25	20017.31		-226.38

注：（1）国家财政收入中不包括国内外债务收入。（2）资料来源：中国统计年鉴 2004。

在中国财政制度弱化的同时，中国仍然保持了一个强大的金融体系。就国家对于金融的管制来看，有几个有利条件：

有利条件之一：垄断的商业银行组织架构。从金融改革之初，政府把商业银行的组织架构定义为总分行制度，一个国家的银行业的组织模式是公共选择的结果，与历史、经济环境有着密切的关系。中国的商业银行尤其是四大国有商业银行一开始就实行了总分行制度。这样的组织架构仍然带有浓重的计划经济的色彩，国家的信贷供给通过总分行制度层层分解，只要控制了四家国有商业银行的信贷总量，就控制了整个国家的信贷总量，就资金控制和计划的执行来看，总分行制度是有效的。政府通过很少的成本就控制了整个资金供给量，便于中央计划者实施信贷规模控制，也便于政府在财力逐步下降的情况下，加强对金融部门的控制。

有利条件之二：有限的金融选择权。在改革之初，由于非国有部门的扩张，居民储蓄增长很快，由于这些变化，国有银行体系就是将储蓄从居民部门转移到国有部门的关键。中国居民的金融选择权相对稀缺，大量金融资源集中到银行业，国家对此有绝对的控制权，同时国家银行也承担了由国家交给的融资任务①。在1978年以前，我国存款来源为3∶3∶4（居民存款∶企业存款∶财政存款），当时的企业以国有企业为主，实际上国有性质负债占了储蓄的大部分，作为国家单独出资的国有商业银行或者准国有商业银行，它们与国家之间的关系存在隐含的长期契约②，而且国有银行充当着准财政的角色，银行向国有企业的贷款利率通常低于市场出清水平，银行体系就向投资项目和亏损企业提供了隐性的金融补贴。亚诺·科尔奈认为，当一个经济实体（企业、家庭等）的收入和支出之间紧密联系变松时，软预算约束出现，因为其支出可以由其他机构承担③，由于政府的隐含担保，政府就不拥有以终止合约关系的退出权作为惩罚性对策以保护自身权益不受侵犯。权责不对称的商业银行不断地将经营风险留给了资本所有者（国家），局部风险逐步上移，不断加总，终将演化成金融业的系统性风险，国家将成为这种风险的承担者。

① 张杰. 中国货币化进程、金融控制及改革困境 [J]. 经济研究，1997（8）：20–25.
② 张军. 社会主义的政府企业：从"退出"的角度分析 [J]. 经济研究，1994（9）：72–80.
③ 科尔奈. 短缺经济学 [M]. 北京：中国计划出版社，1980：165–166.

　　商业银行的组织架构和居民有限的金融选择权给金融约束和利率管制提供了前提条件。政府进行金融管制的一个重要工具是利率管制。据世界银行估计，中国在 1985～1994 年间，以低利率信贷和未归还本金形式得到的金融补贴占 GDP 的比重平均为 1.72%，1992 年一度达到 3.6%①。从我国改革开放以来的利率政策变动来看，利率管制的痕迹十分明显，在 1979～2000 年这 20 年间中国人民银行共调整利率 20 次，见表 4 - 3，其中存款利率上调 9 次，下调 10 次，其中贷款利率上调 8 次，下调 10 次。在 1995 年之前，利率调整主要是侧重对各经济主体利益的调节，缺乏主动性和预见性；表现为利率的调节滞后于通货膨胀率的变动，只是"事后"的补救而不是在通货膨胀刚有上升的苗头时"事前"的调整。而 1996 年以后，由于央行逐步积累了利率调整经验，注重了对宏观经济走势的预见与分析，利率手段较以往有了较强的作用。1996～1999 年间央行先后七次连续降息，这种大幅度降息无疑对中国宏观经济产生了诸多影响，如对调整不同经济主体之间的利益关系，改善企业经营效益以及推动股市发展等方面都产生了一定的效果②。

表 4 - 3　　　　人民币一年期存贷款利率变动（1978～2014 年）③　　　单位：年利率%

执行日期	金融机构 存款基准利率	金融机构 贷款基准利率	中央银行对金融机构 贷款基准利率
1978	3.24	5.04	
1980	3.96～5.76	5.04	
1985	5.40～7.20	3.60～7.92	
1990.01.01	11.34	11.34	
1990.04.15	10.08	10.08	
1990.08.21	8.64	9.36	
1991.04.21	7.56	8.64	
1993.05.15	9.18	9.36	

---

①　龚浩成，戴国强 . 2000 年中国金融发展报告 [M]. 上海财经大学出版社，2000：23.

②　王洪斌 . 利率市场化的货币模型分析——从一种全新角度的审视 [J]. 南开经济研究，2004（05）：71 - 78.

③　盛来运，叶植材 . 中华人民共和国国家统计局 . 中国统计摘要 2015 卷，2015（05）.

执行日期	金融机构 存款基准利率	金融机构 贷款基准利率	中央银行对金融机构 贷款基准利率
1993.07.11	10.98	10.98	
1995.07.01	10.98	12.06	
1996.05.01	9.18	10.98	10.98
1996.08.23	7.47	10.08	10.62
1997.10.23	5.67	8.64	9.36
1998.03.25	5.22	7.92	7.92
1998.07.01	4.77	6.93	5.67
1998.12.07	3.78	6.39	5.13
1999.06.10	2.25	5.85	3.78
2002.02.21	1.98	5.31	3.24
2004.03.25	1.98	5.31	3.87
2004.10.29	2.25	5.58	3.87
2006.04.28	2.25	5.85	3.87
2006.08.19	2.52	6.12	3.87
2007.03.18	2.79	6.39	3.87
2007.05.19	3.06	6.57	3.87
2007.07.21	3.33	6.84	3.87
2007.08.22	3.60	7.02	3.87
2007.09.15	3.87	7.29	3.87
2007.12.21	4.14	7.47	3.87
2008.01.01	4.14	7.47	4.68
2008.09.16	4.14	7.20	4.68
2008.10.09	3.87	6.93	4.68
2008.10.30	3.60	6.66	4.68
2008.11.27	2.52	5.58	3.60
2008.12.23	2.25	5.31	3.33
2010.10.20	2.50	5.56	3.33
2010.12.26	2.75	5.81	3.85
2011.02.09	3.00	6.06	3.85
2011.04.06	3.25	6.31	3.85

执行日期	金融机构 存款基准利率	金融机构 贷款基准利率	中央银行对金融机构 贷款基准利率
2011. 07. 07	3. 50	6. 56	3. 85
2012. 06. 08	3. 25	6. 31	3. 85
2012. 07. 06	3. 00	6. 00	3. 85
2014. 11. 22	2. 75	5. 60	3. 85

资料来源：2015 年《中国统计摘要》，第 141 页。

　　由于存款利率低于市场均衡水平，银行只要能够增加存款就可以获得租金，因而，它们便有了寻求新的存款来源以扩大租金的激励，尤其是增加了在金融机构稀少的地区设立网点以吸收储蓄的积极性，于是才有了储蓄大战和网点大战。在利率管制的情况下，只要维持正的实际利率，就可以通过租金来激励银行等金融机构扩大规模以动员储蓄和促进经济增长，并不需要利率自由化。实际利率也远没有达到金融自由化理论所主张的市场均衡利率的水平。

4.2　利率管制对于信贷供应量的影响

4.2.1　利率管制下商业银行的信贷配给行为

　　上面对中国信贷市场和金融管制分析主要是基于宏观视角，而经济运行的效率主要是由微观主体的行为集合而形成的，现在我们把前面信息不对称的信贷配给模型重新进行勾画和分析，首先我们加入利率管制的因素。在这里我们同样遵守信息不对称下信贷市场运行规律的假设，我们在信息不对称的信贷市场的信贷配给的基础上，引入利率管制的概念，如图 4 - 1 所示。图 4 - 1 - a 是一个简化了的商业银行的收益曲线，商业银行的收益同利率有明显的线性关系，随着商业银行索取利率的上升，风险逐渐加大，在 r_0 以前，商业银行因为提高利率而获得的收益大于其经受的风险程度，随着利率的持续提高，一些高风险的借款人的比重逐步增加，而低风险的借款人逐步退出，其结果必然是商业银行收益的下降，到 r_0 时商业银行的收益达到最高点，如果商业银行索取更高的利率，必然导致其利润的下降，商业银行因此会减少贷款量。如图 4-1b 所示，商业银行根据利润最大化的原则构造其贷款供应曲线是一条向后弯曲的曲线 L_S。根据上文的分析，可以得知，贷款需求曲线是一条斜率为负的、向下倾斜的曲线 L_d。两条曲线交于 E 点，那么根据一般均衡的原理，当市场上出现供给和需求相等的时候，就达到了市场出清的水平，而事实上，因为信息不对称等因素的存在，商业银行只肯索取利率水平 r_0，提供的贷款为 OL_0 的贷款量，在此阶段不可避免地存在信贷配给量 $L_0 \sim L_2$，对于商业银行来说，此时利润达到最大化，根据图 4-1 中所显示的，此时的贷款量也是最大的，对经济的发展的效用也是最大的。

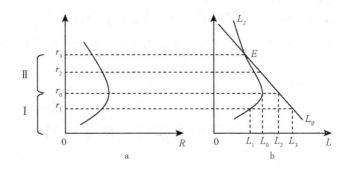

图 4-1 利率管制下信贷市场的配给

　　如果利率没有市场化，或者没有完全市场化的情况下，存在着官方利率，假设利率设定的范围从 r_1 到 r_3，我们观察一下管制利率对于信贷供给的影响，假定存在着管制利率 r_1，其取值范围为 $(0, r_0)$，那么商业银行根据其利润最大化的原则调整其经营策略，尽量收取更高的利率①，那么对于商业银行来说，根据其利率水平把其贷款供应量固定在 L_1 的水平，在这个水平下的贷款供应量与需求量的缺口扩大，其配给量为 $L_1 \sim L_3$ 的水平，可以看出，因为制

_____

① 有些不太严格的利率管制只是规定了一个利率浮动的范围，而不是硬性地规定一个利率，让所有的金融机构都遵守，中国金融改革的最初阶段无疑是采用了一种比较极端的利率管制。

度的因素，利率管制不仅仅使商业银行能够提供的信贷数量小于整体社会出清的数量，而且也低于整体社会经济发展所需要的量。通过金融深化，提高利率的上限，使利率逐步接近商业银行利润最大化的水平，在一定意义上，金融深化促进经济发展的理论是正确的。

在图 4 - 1a 的区域 Ⅱ，即管制利率处于 $\{r_0,\ \infty\}$ 范围，这种利率管制是一种利率自由化的前期管制，因为这种管制从某种意义上，是要利率水平达到市场出清时候的利率水平，从政策含义即出发点上是有积极意义的，但是，当政府规定了利率上限的时候，是一种形同虚设的上限，因为商业银行并不因为政府的利率上限而索取更多的利率，而是同样根据利润最大化的原则，而收取 r_0 水平的利率。如果政府采用直接管制利率的情况，就是硬性地规定利率的索取值，那么导致的结果必然是信贷量的萎缩。

这里的分析表明，麦金农对于发展中国家金融深化的认识和西方的信贷配给理论并不存在本质上的矛盾，在现象上，两者存在着惊人的一致，而在本质上存在着差异。信贷配给理论认为的均衡理论低于市场出清水平主要的理论依据是，由于信息不对称而存在逆向选择和道德风险而导致的风险因素，是一种商业银行自主定价机制下商业银行的理性选择，而麦金农所讨论的金融抑制的范围在于我们图 4 - 1 所描述的区域 Ⅰ 的范围，管制利率使得商业银行的自主定价权丧失，并且低于商业银行利润最大化的实现，因此，所谓的金融深化，也就是银行企业身份的一种理性回归，恢复其利率决定权。另外要强调的一点是，风险因素在此分析框架中并没有被考虑，因为正如前文所叙述的，向后弯曲的曲线已经包含了风险因素在里边。

4.2.2　利率管制对社会福利水平的影响

从上面的叙述，很容易看出中国实行利率管制的实践，现在要回答的问题是，利率管制是否是一项适宜的制度安排，对信贷量造成影响？如果有影响，是否影响了社会整体效率？

在理论界利率管制是否是一项适宜的制度安排永远都是一个争论的话题。一些理论认为应该实施利率管制。这些理论认为，市场化利率制度往往导致利率水平过高，影响实际投资需求，进而影响产出增长，或者实现资金市场均衡的市场利率往往因市场信息不对称所致的逆向选择而压抑商业银行的实际资金供给，最终仍然影响到实际投资水平和产出增长（斯蒂格利茨，1981）。相反，反对利率管制制度的理论大都认为，管制利率制度往往导致利率水平过低，从而压抑储蓄资金供给或者降低投资质量，影响产出增长（麦金农，1973；肖，1973）。赫尔曼等人则认为，发展中国家金融不稳定的一个重要原因是银行经理人员存在道德风险问题：如果银行资本匮乏，他们就可能进行投机或瓜分银行资产。因此，应提高银行经营权利的价值——"特许权价值"（franchise value），即将存款利率控制在一个较低的水平上（但要保证实际存款利率为正值），降低银行成本，创造可增加其特许权价值的租金机会，减少银行的道德风险行为，使之有动力进行长期经营①。

显然，在这一逻辑过程中，利率水平始终是一项至关重要的变量。可以说某一利率制度对经济增长的影响，主要取决于在该制度条件下所形成的利率水平的高低。理论争论的实质不在于利率制度本身，而在于在特定制度条件下所形成的利率水平是否有利于促进经济增长。于是究竟利率水平的高低将会对经济增长造成什么样的影响？高利率有利于经济增长，还是低利率有利于促进经济增长？利率水平的高低应当以什么为标准，市场能否实现最有效率的利率水平？对于利率影响经济增长的传导机制问题，一般的宏观经济学理论基本都认同于利率通过影响资金市场的供求而影响实际的储蓄量和投资量，进而影响经济增长②。

金融约束的目的是在银行部门创造租金机会，使其获得高于竞争性市场所能提供的收益。金融约束的具体政策，包括控制存款利率、限制银行业的竞争和资产替代等，一旦实行，可能造成价格信号失真、信息问题加剧，银行更缺乏吸收存款、认真管理其资产组合的积极性。改革开放初期，我国银行仍作为政府管理经济的工具，承担过多的政策性业务，垄断性强，缺乏预

---

① 赫尔曼，穆尔多克、斯蒂格利茨. 金融约束：一个新的分析框架［A］. 青木昌彦，金滢基，奥野－藤原正宽. 政府在东亚经济发展中的作用——比较制度分析. 北京：中国经济出版社，1998.
② 高晓红. 管制到自由化：利率理论的批判与整合［J］. 财经研究，2002（7）.

算约束和风险约束。因此，政府要将银行办成真正的金融企业，为其创造充分竞争的环境，使其具有预算约束和风险约束①。

我们借助金融约束理论的基本模型来分析经济转型期的信贷配给，金融约束理论认为金融约束满足的条件是：一是政府拥有稳定的宏观环境；二是具有较低的通货膨胀率，以及正的实际利率；三是正的实际利率水平。

政府管制的利率水平经常偏离均衡利率水平，但大部分时候以低于均衡利率为主。如图 4 - 2 所示，当利率是均衡利率 R_1 时，资金供给者剩余是 SER_1，资金需求者剩余是 DER_1。当政府制定利率为 R_2 时，可贷资金的供给仅有 OQ_1，小于均衡利率下的 OQ_0，投资储蓄下降，并产生资金缺口 Q_1Q_2。此时资金供给者剩余为 SAR_2，资金需求者剩余为 $DCAR_2$，总的社会福利损失为 ACE，并且产生收入分配的不公正。如果政府同时也管制贷款利率，则资金供给者剩余损失的一部分 R_1R_2AF 主要转移给企业，实际上由居民负担了其部分利息成本；而政府不管制贷款利率时，这部分剩余转移给银行，形成了银行的垄断利润。同样，当管制利率位于均衡利率之上时，整个社会的投资量也小于均衡投资量，社会总的福利损失是 ACE，因此不论是高利率还是低利率都会降低一个社会的投资水平，从而降低社会总产出水平，相应地产生了社会福利损失。

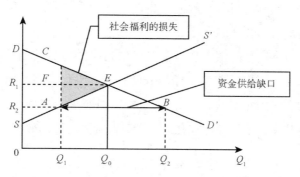

图 4 - 2　管制利率下的社会福利损失

---

① 王信. 政府、银行的信息与激励——金融约束政策评介 [J]. 经济社会体制比较, 1997 (5).

4.2.3 低利率对于信贷配给效率的影响

根据经济学原理，当市场利率等于资本边际生产率时，低于均衡边际生产率的企业将会退出借贷市场，均衡利率起到筛选投资项目的作用，将资本分配到最具有生产力的用途上，并将报酬率低的投资项目予以淘汰。而低利率就无法达到这种效果。加尔比斯（Galbis）运用两部门的总体模型论证了人为压低的利率会降低经济社会的总体投资报酬率，他假定经济中有两个部门：一个是技术先进、报酬率高的部门，其资金来源主要依靠外部融资，而自有资金全部用于自我融资；另一部门技术落后、报酬率低的部门，其难以获得银行贷款，资金来源完全依靠内源融资，而其资金出路取决于自己投资的实际收益率和金融资产的实际收益率对比。低利率管制会使技术落后部门选择自我融资而放弃金融储蓄，因此技术先进部门的高收益的投资因缺乏资金而受到限制①。这时虽然整个社会的投资额未变，但是一部分资金被投资于低效率部门和低效率项目，整个社会的资本产出比率却降低了，从而降低了该社会的经济增长率。这对于资本稀缺的发展中国家显得更为重要。各国的经济发展史表明，投资质量对于经济增长的贡献至少与投资数量同等重要，根据世界银行的专家研究结果证实，产出增长中不到一半可归因于劳动力和资本的增加，其他一半以上得益于较高的生产率，而生产率提高的主要因素就是技术进步和储蓄使用效率的提高。

低利率条件下资金的供求缺口会迫使银行采用非价格的信贷配给手段分配资金，其分配所依据的非价格标准有两种：一是借款者的特性，如经营规模、财务结构、信用记录等；二是银行的特别要求，如回存、抵押、担保、付息方式等；其中，第二种标准会进一步降低资源配置的效率。

---

① Vicente, Galbis. Financial intermediation and economic growth in less-developed countries: a theoretical approach. *Journal of Development Studies*, Vol. 13 NO. 2 1977: 58–59.

4.2.4　高利率对于信贷配给效率的影响

政府管制利率高于市场均衡利率水平时，也会降低资源配置的效率。正常情况下，政府的高利率管制会阻碍投资，使得整个社会投资水平下降。但是金融市场是个信息不对称的市场，信息不对称会产生逆向选择和道德风险两种机会主义行为。当利率上升时，高利率会激励企业产生更多的逆向选择和道德风险行为，利率的提高会使收益较高、风险较小部门的预期收益减少，从而减少了外部融资的需求，部分企业退出市场，而那些较低收益率风险偏好较高的企业反而进入市场，整个社会投资总量可能并未减少，但这种逆向选择会使整个社会的投资风险增加、效率降低。而且即使效率较高的部门并不退出市场，但是较高的利率降低了它本来的预期收益，这也会激励这些企业将资金投向风险高的项目，以保持原有的预期收益水平，这种道德风险的增加同样会降低社会总体投资效率。我国的金融市场尚不发达，金融法律法规还不是很完善，信息披露制度还存在很大的缺陷，因此相对于西方发达国家，信息不对称问题会更加严重。如果政府制定的利率高于均衡利率水平，风险的激励效应会更大，这样资源的配置效率受到的影响更大。

利率管制会限制正常金融部门和正常企业的发展进而影响整个经济的发展。一方面盈余单位的存款报酬率一旦低于内部融资报酬率，自然会进行自我融资而不存入金融机构，这会影响金融机构资金供给的来源，导致金融部门萎缩，同时也会降低社会的资本密集度，使得投资分散化。另一方面存贷款利率管制产生的资金供求缺口会使一些企业求助于地下借贷市场，这种无组织的资金市场信息和风险成本高，其利率大大高于均衡利率水平，因为其中除了包含资金的机会成本、交易费用、管理费用和正常利润外，还包括了倒账的风险贴水、贬值的风险贴水及违法的风险贴水和极高的利息利润，不利于中小企业的生存和发展。这些因素都会阻碍正规金融市场的发展，从而限制了高效率金融部门对经济发展的推动作用，最终会影响整个经济的发展。麦金农（1997）指出，在宏观经济不稳定的情况下（通胀、汇率变动、经济波动等，这在发展中国家是常见的），由于融资项目面临的不确定性增大，且所有借款人的收益和风险会因为宏观经济的波动而呈现出正相关性，金融自由化过程中的银行"道德公害"将大大加重——融资流向高风险高收益项目，而银行一旦因高风险债权过大而周转不灵以致破产，其所带来的巨大社会成本只能由政府承担。如麦金农指出，"银行是一场针对政府的不公正赌博的受益者，它保留了不正常的利润，而不必支付因风险贷款所带来的巨大损失而产生的全部社会成本"[①]。

4.3 中国利率市场化进程与信贷配给

4.3.1 中国利率市场化进程的简要回顾

渐进式改革的发展的一个巨大成就是中国在价格领域改革的成功，但是在要素领域的改革却相对滞后，渐进式改革的核心是其制度的演进过程，而不是目标，是无数次次优选择的加紧过程，这个过程是市场机制的标准部件与制度相互磨合的整合过程，在这个过程中首要的问题是有多少金融资源可用于金融支持，以保证渐进改革的顺利推进，而不是如何更有效地使用金融资源（张杰，1998）。在改革初期，市场利率仍然受到管制，利率调整对投融资行为的引导作用不明显。要让市场在金融资源配置中发挥基础性作用，必须要进一步深化金融体制改革特别是利率市场化改革。

利率市场化是指金融当局取消对金融机构的利率管制，让利率水平由市场的供求水平决定。针对利率市场化，国内学者在论述金融自由化的时候作了一些概括性的总结。陈岱孙，厉以宁（1991）在叙述金融自由化时曾经把利率市场化作为重要组成部分之一，基本内容包括：放开利率管制，转由市场根据资金供求情况、金融机构头寸情况以及盈利情况自行决定、调节和控制，从而使得利率真正成为引导资金配置的基本指标，也使得利率这一指标

---

① 麦金农. 经济市场化的次序——向市场经济过渡时期的金融控制［M］. 上海三联书店，上海人民出版社，1997.

真正包含所有能够反映的市场信息和供求信息①。李扬（2001）则认为利率市场化改革的要旨并不是调节利率水平，而是改革利率（资金价格）的形成机制。全社会的利率水平和利率结构（包括利率的风险结构和期限结构），从主要由货币当局运用计划手段来确定并予以管理，转变为由金融市场中的资金供求双方在资金供求的竞争中自行调节，并使之成为反映宏观经济运行状况的准确价格信号②。从国内利率市场化的讨论中可以发现，利率市场化的内容包括几个相互联系和相互制约的内容。

第一，价格形成方式的市场化，是指利率水平、利率的品种结构、风险结构以及期限结构不再由中央银行或者其他货币当局决定，金融交易主体拥有利率的定价权，资金的价格由市场上资金供给和需求的双方依据经济发展的态势而形成，包括资金盈余部门和资金富余部门之间就资金交易的规模、利率、期限、担保抵押等方式进行具体的谈判而形成的市场利率。

第二，利率的调控和管理方式市场化，政府（或中央银行）享有间接影响金融资产利率的权力。利率市场化并不意味着放弃政府管制和中央银行的调控，在利率市场化条件下，对金融的调控只能依靠间接手段，运用已有的金融资源（如公开市场操作）的方式，政府（或中央银行）例如通过公开市场操作影响资金供求格局，从而间接影响利率水平；以市场参与者的身份，通过市场的竞争和公开的市场交易来改变金融市场的供求状况，或者通过调整基准利率影响商业银行资金成本，从而改变市场利率水平。

实行利率市场化的出发点是希望通过资金的供给双方的相互制衡而形成一种利率水平，使利率水平能够准确地反映资金的收益率和贡献率，并且作为一种价格信号，可以优化整个金融行业的竞争性，并且有效地调节金融资产在全社会范围内的配置，优化信贷配置结构，提高资金使用效率，引导有限的信贷资源向有效率的部门转移。中央银行也可以改变其行为模式，更好地执行货币政策，有效地促进经济增长。利率市场化的改革可以促使商业银

---

① 陈岱孙，厉以宁. 国际金融学说史［M］. 北京：中国金融出版社，1991.
② 李扬. 我国金融业利率要市场化［J］. 领导决策信息，2001（40）：25.

行拥有更多的利率定价权，并且可以通过利率差别来区别风险不同的贷款人，高风险贷款得到高利率的补偿。

在利率市场化的过程中，商业银行的利率定价权可能是利率市场化的核心部门，从微观层面上讲，商业银行可以通过价格来配给其有限的金融资源。商业银行作为经营货币信贷业务的金融中介部门，其价格的产生只能是一种内生变量，而利率管制却使商业银行的价格管制外生化，那么没有定价权的企业，对于风险的管理就失去了根本，国家的宏观调控只能通过非价格的形式进行，其收效很快，但是却伤害了经济发展的根本。因此中国在1993年以后对于利率市场化做了大量的工作，并取得了很大的成就。

1993年，党的十四大《关于金融体制改革的决定》提出，我国利率改革的长远目标是：建立以市场资金供求为基础，以中央银行基准利率为调控核心，由市场资金供求决定各种利率水平的市场利率体系的市场利率管理体系。党的十四届三中全会《中共中央关于建立社会主义市场经济体制若干问题的决定》中提出，中央银行按照资金供求状况及时调整基准利率，并允许商业银行存贷款利率在规定幅度内自由浮动。2003年，党的十六大报告提出：稳步推进利率市场化改革，优化金融资源配置。党的第十六届三中全会《中共中央关于完善社会主义市场经济体制若干问题的决定》中进一步明确"稳步推进利率市场化，建立健全由市场供求决定的利率形成机制，中央银行通过运用货币政策工具引导市场利率"[1]。根据十六届三中全会精神，结合我国经济金融发展和加入世贸组织后开放金融市场的需要，人民银行将按照先外币、后本币，先贷款、后存款，存款先大额长期、后小额短期的基本步骤，逐步建立由市场供求决定金融机构存、贷款利率水平的利率形成机制，中央银行调控和引导市场利率，使市场机制在金融资源配置中发挥主导作用。如表4-5所示，自1996年我国利率市场化进程正式启动以来，经过20年的发展，利率市场化改革稳步推进，并取得了阶段性进展。

---

① 参见《中共中央关于完善社会主义市场经济体制若干问题的决定》。

表 4 - 5　　　　　　　　　　　中国利率化进程大事记

时　　间	主要改革措施
1996 年 6 月	放开了银行间同业拆借利率，实现由拆借双方根据市场资金供求自主确定拆借利率，标志着利率市场化迈出具有开创意义的一步
1997 年 6 月	银行间债券市场正式启动，放开了债券市场债券回购和现券交易利率
1998 年 3 月	改革了贴现利率生成机制，贴现利率和转贴现利率在再贴现利率的基础上加点生成，在不超过同期贷款利率（含浮动）的前提下由商业银行自定。再贴现利率成为中国人民银行一项独立的货币政策工具，服务于货币政策需要
1998 年 9 月	放开了政策性银行金融债券市场化发行利率
1998 ~ 1999 年	连续三次扩大金融机构贷款利率浮动幅度
1999 年 10 月	批准中资商业银行法人对中资保险公司法人试办由双方协商确定利率的大额定期存款（最低起存金额 3000 万元，期限在 5 年以上不含 5 年），进行了存款利率改革的初步尝试
1999 年 10 月	国债发行也开始采用市场招标形式，从而实现了银行间市场利率、国债和政策性金融债发行利率的市场化
2000 年 9 月	放开外币贷款利率和 300 万（含 300 万）美元以上的大额外币存款利率
2003 年 7 月	放开了英镑、瑞士法郎和加拿大元的外币小额存款利率管理，由商业银行自主确定
2003 年 11 月	对美元、日元、港币、欧元小额存款利率实行上限管理，商业银行可根据国际金融市场利率变化，在不超过上限的前提下自主确定
2002 年 3 月	扩大农村信用社利率改革试点范围，进一步扩大农信社利率浮动幅度；统一中外资外币利率管理政策。逐步扩大金融机构贷款利率浮动权，简化贷款利率种类，取消了大部分优惠贷款利率，完善了个人住房贷款的利率体系
2004 年 1 月 1 日	扩大金融机构贷款利率浮动区间。商业银行、城市信用社贷款利率浮动区间扩大到 [0.9, 1.7]，农村信用社贷款利率浮动区间扩大到 [0.9, 2]，贷款利率浮动区间不再根据企业所有制性质、规模大小分别制定。扩大商业银行自主定价权，提高贷款利率市场化程度，企业贷款利率最高上浮幅度扩大到 70%，下浮幅度保持 10% 不变。在扩大金融机构人民币贷款利率浮动区间的同时，推出放开人民币各项贷款的计、结息方式和 5 年期以上贷款利率的上限等其他配套措施
2004 年 10 月 29 日	金融机构（不含城乡信用社）的贷款利率原则上不再设定上限，贷款利率下浮幅度不变，贷款利率下限仍为基准利率的 0.9 倍。对金融竞争环境尚不完善的城乡信用社贷款利率仍实行上限管理，最高上浮系数为贷款基准利率的 2.3 倍，贷款利率下浮幅度不变
2005 年 3 月 17 日	调整商业银行自营性个人住房贷款政策：将现行的住房贷款优惠利率回归到同期贷款利率水平，实行下限管理，下限利率水平为相应期限档次贷款基准利率的 0.9 倍，商业银行法人可根据具体情况自主确定利率水平和内部定价规则

时　间	主要改革措施
2008 年 8 月 19 日	进一步推进商业性个人住房贷款利率市场化,将其利率下限由贷款基准利率的 0.9 倍扩大到 0.85 倍。其他商业性贷款利率下限继续保持 0.9 倍
2008 年 10 月 27 日	商业性个人住房贷款利率的下限扩大为贷款基准利率的 0.7 倍,最低首付款比例调整为 20%。金融机构对客户的贷款利率、首付款比例,应根据借款人是首次购房或非首次购房、自住房或非自住房、套型建筑面积等是否系普通住房,以及借款人信用记录和还款能力等风险因素在下限以上区别确定
2012 年 6 月 8 日	将金融机构存款利率浮动区间的上限调整为基准利率的 1.1 倍;将金融机构贷款利率浮动区间的下限调整为基准利率的 0.8 倍
2014 年 11 月 22 日	将金融机构存款利率浮动区间的上限由存款基准利率的 1.1 倍调整为 1.2 倍;其他各档次贷款和存款基准利率相应调整,并对基准利率期限档次作适当简并
2015 年 5 月 11 日	将金融机构存款利率浮动区间的上限由存款基准利率的 1.3 倍调整为 1.5 倍;其他各档次贷款及存款基准利率、个人住房公积金存款利率相应调整

资料来源:根据历年中国人民银行货币执行报告及中国人民银行网站利率政策资料整理。

随着金融机构改革和利率市场化的稳步推进,人民银行将不断扩大金融机构的利率定价自主权,完善利率管理,并通过中央银行的间接调控,引导利率进一步发挥优化金融资源配置和调控宏观经济运行的作用。

4.3.2　利率市场化是否能完全消除信贷配给?

随着市场经济体制的不断深入,信贷上限这种主要的货币政策工具与市场间的冲突日益突出。中央政府企图逐步提高原材料相对于最终产品的价格,以使其更好地与世界价格保持一致的同时,继续以低成本银行贷款和其他补贴支持大部分的国有工业。由于这使"软"约束症状持久化,国有企业仍然套在棘手的金融皮带上。因此,自 1993 年以来,中国政府加快了金融领域改革的步伐。这些措施主要包括更大的利率调整弹性以及市场化定位等。

按照麦金农的金融抑制理论,似乎消除了金融管制(最主要的就是利率管制),信贷市场就应该恢复出清水平。简而言之,就是利率市场化必然带来金融机构的效率,使利率起到资源配置的基础性作用。但是从另外一方面讲,利率市场化带来的只是恢复利率资金价格本性的一种必要条件，而不是充分条件。根据古皮塔（Kanhaya L. Gupta）的总结[①]：在过去 20 年的国际经验表明，利率自由化成功的先决条件至少包括五个条件：

（1）对存款货币银行（DMHs）有充分的审慎管制和监管，包括最低水平的会计制度和法律框架。

（2）合理的价格稳定程度。

（3）遵从如下的财政纪律：政府借款需求是可以接受的，以此避免中央银行的储备货币产生通货膨胀性的扩张。

（4）存款银行的利润最大化和竞争行为。

（5）不对金融中介或明或暗地强制征收歧视性税收的税制。

中国的利率市场化进程是否能带来预期的收益也要取决于此。问题的关键是，如果不满足上面的条件而进行的利率市场化是否能使银行业的配给效率提高？如果不能提高，问题的症结在什么地方？针对中国的状况，第一个前提条件的隐含意义包含了这样的因素。对存款货币银行有充分的谨慎监管，意味着监管机构要按照市场化的前提来对商业银行进行监管，那么没有偿付能力的借款人应该从银行的借款人群中清除，并且一些资产负债比率比较高，风险较大的借款人也不应该进入银行的视野。另外一条隐含的意思是，商业银行应该是一个真正的企业，有能力对资产负债进行合理的管理，并且银行的经营目标比较单纯，只是以利润最大化为目标。那么为了提高银行识别风险的能力，迫切地需要信息充分公开，会计审计制度健全以及需求显示公开化的一种制度框架。

但是中国现在最常见的问题是：一些没有偿付能力的企业并没有被排除在借款人行列之外，因为以前从银行的贷款而对银行产生质押成本，因此银行往往源源不断地向其提供借款人所需要的资金来弥补损失。这类企业面临着一条畸形的需求曲线，似乎跟利率并没有太大的线性关系。这类企业的需求曲线或者是垂直的，也就是贷款利率的增加或者降低对其贷款量根本没有影响；另外，还有更为反常的需求曲线，也就是随着贷款利率的增加，其贷

---

① 古皮塔. 金融自由化的经验［M］. 申海波，陈莉译. 上海财经大学出版社，2001.

款需求反而上升。这些企业的类型类似于斯蒂格利茨和韦斯所描述的高风险企业的类型。这些企业的一些无效需求反而促进了市场的高利率，使得一些低风险的企业推出信贷市场。即使可以从中取得贷款的企业也由于借款成本明显高于其资产的预期收益率，从而使那些有偿付能力的利润驱动的企业也变得资不抵债了。

在利率市场化之前，中国存在存贷款利率的上限，如果商业银行严格遵守利率限额必然会使市场利率的缺口扩大，可贷款资金的价格配给额一定会发生。但是，这配给额往往是一种价格的配额。在价格的配给额下，供给小于需求的现象一定会发生，这时候的信贷分配不是依据投资项目的预期收益率和财务指标，而是依据交易风险、抵押品的质量、声誉等其他因素的影响。

另外，经济转型期的隐性政府担保使银行的道德风险出现，政府有意识地向国有企业提供金融援助以避免其陷入资金困境，商业银行并不顾及向一些财务状况不好的企业提供贷款，但向困境中的企业提供贷款将滋生银行大量的坏账，最近的文献似乎已经说明了其现象。

困扰着发展中国家的另外一个问题，就是商业银行的竞争和利润最大化目标的实现。首先是中国商业银行的竞争程度仍然不够，焦瑾璞（2000）用CRn指数指标体系，采用资产、存款和贷款的数值对中国银行业的集中度进行了分析，发现四大国有商业银行在这几个指标上占有绝对的优势，分别高达60%以上，在1995年以后的四年内，国有商业银行的集中度在下降，表明竞争性的加剧，但是在东南亚金融危机以后，国有商业银行的市场集中度再次上升，说明其垄断现象再次出现，这是东南亚金融危机以后我国风险意识增强的结果，促进了国有商业银行的进一步的垄断。

利率市场化的这几个前提决定了转型经济国家在利率市场化以后面临新的问题，就是在资金配给方面并不能完全按照市场化的规律去操作。利率市场化以后，至少会引起几个问题。第一个问题是，在利率市场化以后，取消了贷款的上限，商业银行是否按照其市场化的模式进行信贷资金的配给，是否会引起信贷的盲目扩张。第二个问题是，对于风险，商业银行的管理者是否会完全按照风险管理的模式去管理其风险。这里古皮塔作了一个非常有趣的比喻。

信贷人员可以被比喻为一群不断迁移其水源地的"角马"。当一处水源干涸，周边的青草被过度放牧，那么这些角马就会迁移到另一处水草资源丰富的地方。最早到达新"牧场"的角马的境地会较好，而落后者就得为生存而挣扎。竞争决定了这一群体中各成员的行为。这种银行家的群体本能使得他们往往将大量资金投向某些特别部门，直到过失和挫败的概率上升后才退出。

因此，我们必须看出，在利率从管制到市场化迈进的时候，还存在着另外的一种商业银行的配给模式，这种模式是在非价格的一些因素影响下的配给。利率市场化只是消除了一部分价格制约的因素，可以明显地看出发展中国家存在着两重因素，一种因素是制度因素，导致了非均衡的信贷配给，另外一种非价格的因素导致非均衡的信贷配给，价格因素主要是利率管制，而非价格因素是对均衡外部环境的一种干扰，导致了银行和企业之间信息传递通道的不畅通。非价格配给包括垄断、软约束下的企业行为，从微观层面上讲，包括抵押和担保制度的不完善对信贷配给的影响。公司治理的缺憾、信息传递渠道的不通畅，以及交易半径过小。接下来我们将对非价格配给的相关因素进行分析。

4.4　小　　结

本章主要分析经济转型期利率（价格）管制所导致的信贷配给。

第一，对利率管制的历史进行分析，目前全球的趋势是由利率管制向利率自由化迈进。中国的利率制度正在由管制向市场化发展。随着利率市场化的改革不断深入，中国面临的信贷配给的制度约束因素在慢慢地减轻。

第二，对利率（价格）管制对信贷配给量的影响进行了分析。首先根据经济转型期的特点构建了价格和信息不对称条件下的信贷配给模型，认为其信贷配给分为双重特征，第一重特征是，由于信息不对称而导致了市场经济条件下的信贷配给。其特征与其非常相似，即存在着一条向后弯曲的贷款供给曲线，在市场化的条件下，信贷市场上存在着供求的缺口。第二重信贷配给的特征是由于存在着利率管制，导致信贷市场上不均衡的状态进一步的扩大。

第三，对两种利率管制对信贷配给的效率的影响进行了分析，在低利率管制的条件下，低利率管制会使技术落后部门选择自我融资而放弃金融储蓄，因此技术先进部门的高收益的投资因缺乏资金而受到限制。这时虽然整个社会的投资额未变，但是一部分资金被投资于低效率部门和低效率项目，整个社会的资本产出比率却降低了，从而降低了该社会的经济增长率。同时认为进行高利率管制是无效的，因为高利率的政策违背了商业银行的经营目标，商业银行会使用一种变通的方法降低贷款利率来抵制管制。

第四，要弱化信贷配给的现象就必须实现利率完全的市场化，但是更重要的是为利率市场化构建一个能够发挥其充分效能的平台。如商业银行的商业化改革的深化以及审慎性金融监管的强化等，才能从根本上减弱因管制而导致的信贷配给。

第 5 章　经济转型期非价格信贷配给分析

5.1　引　　言

本章讨论经济转型期商业银行的信贷配给。商业银行在发放信贷时，除了前面提及的价格（利率）因素以外，也要综合考虑非价格因素，比如借款人的信誉、借款人的经营能力等因素，确保信贷在发放之后能够顺利回收并实现利息收入。但是如果将商业银行纳入经济发展的大环境中，商业银行发放信贷就不仅要考虑价格因素和信誉因素，还要考虑外部环境对信贷行为的影响。

金融业改革开放属于经济体制改革重要的组成部分，经过了近 40 年的改革，中国银行业成功地实现了由"大一统"银行体制向现代金融体制的改变。建立了金融宏观调控体系、金融监管体系、金融产品体系以及金融基础服务体系。但是，中国金融业的改革开放也不是一帆风顺的，金融改革开放没有现成的经验和模式可以效仿，又面临着经济转型中的诸多矛盾和问题，同时还要兼顾金融稳定和金融安全，防止不发生系统性风险。在经济转型期，国家经济政策的调整、商业银行的改革措施以及其他非价格因素的变动对信贷资源配置的影响较大。因此，要深入分析中国银行业的信贷配给发展，有必要回顾中国金融业的改革发展史。

在改革开放以后，我国银行业经历了种种变革，朝着市场化、商业化方向进行了改革，可以分为以下几个时期。

　　第一个时期，银行改革的主要任务是改变中国人民银行的双重角色，剥离商业银行的功能，从 1979 年开始到 1984 年，四家专业银行陆续成立，1984 年 1 月工商银行的正式成立，标志着我国形成了以中国人民银行为调控主体，以工、农、中、建四大专业银行为调整经营主题的银行体系结构。国家专业银行并不是真正意义上的商业银行，表现在经营领域受到严格限制、互相之间没有竞争、业务受到指令性计划的支配，同时还承担着政策性金融的功能，信贷资金财政化、长期化的特点非常明显，具有明显计划经济的痕迹。

　　第二个时期，银行改革的主要任务是国有商业银行实现商业化转型。1993 年底，国务院发布了《国务院关于金融体制改革的决定》，提出要建立政策性金融与商业性金融分离，以国有商业银行为主体，多种金融机构并存的金融组织体系。从 1994 年开始，陆续出台了一系列金融改革措施。为国有专业银行走向商业化提供了有利的外部条件。比如，对国有商业银行的经营范围作出调整，政策性金融与商业性金融分离，取消贷款规模，实行资产负债比例管理，发行特种国债，补充商业银行的资本金；成立金融资产管理公司，剥离不良贷款。这一阶段的改革引入了先进的管理理念和方法，逐步建立了经营绩效和风险的内控机制。基本的改革思路是确定国家金融体制改革的框架，厘清商业性金融和政策性金融的关系，解决商业性金融的历史遗留问题，并从内外部扫除建立商业性金融体系的障碍。这一阶段重点是建立框架，引入现代企业的管理理念，但是没有对国有商业银行的体制和机制进行深层次的改革。此外，从 1994 年开始，近十年的时间里相继成立了十几家股份制商业银行，形成了以国有商业银行为主，股份制银行为辅的商业银行的框架。

　　第三个时期，从 2002 年开始对国有商业银行进行股份制改造的阶段。2002 年 2 月，中央在京召开第二次全国金融工作会议，提出必须把银行办成现代金融企业，推进国有独资商业银行的综合改革是整个金融改革的重点；无论是充分发挥银行的重要作用，还是从根本上防范金融风险，都必须下大决心推进国有独资商业银行改革；具备条件的国有独资商业银行可改组为国家控股的股份制商业银行，条件成熟的可以上市。此后，国有商业银行的改革沿着"降低不良资产率→实行审慎原则的会计制度→实行股份制"的路径进行改革已经形成共识,随后的银行业改革基本遵照这一思路。2003 年 10 月,十六届三中全会决议进一步明确,选择有条件的国有商业银行实行股份制改造,加快处置不良资产,充实资本金,创造条件上市。走股份制改造之路,是当前国有银行走出困境的战略抉择。2003 年年底,国务院决定对中国银行和建设银行实施股份制改造试点,并动用 450 亿美元国家外汇储备为两家银行补充资本金。2004 年,国有商业银行启动改革,中国银行、中国建设银行完成重组和股改,成立股份制公司。2005 年,交通银行在香港上市,成为国内首家在境外上市的银行,同年中国建设银行也在香港成功上市。2006 年,中国银行、工行 A + H 股上市。2009 年,中国农业银行股份有限公司成立,2010 年农行完成 A + H 股上市。2016 年 9 月,邮政储蓄银行在香港上市。

党的十六大报告指出了"要在更大程度上发挥市场在资源配置中的基础性作用,创造各类市场主体平等使用生产要素的环境,促进商品和生产要素在全国市场自由流动。完善政府的经济调节、市场监管、社会管理和公共服务的职能,坚持扩大国内需求的方针,根据形势需要实施相应的宏观经济政策"①。在十六大报告中指出了全面建设小康社会的战略目标,并且把完善社会主义市场经济体制,推动经济结构战略性调整,基本实现工业化作为 21 世纪前 20 年的基本任务,明确了市场对于资源配置的基础性作用,这要求商业银行更进一步地按照市场规律办事。这就从根本上给商业银行的改革提出了基调,就是必须根据国家宏观调控的目标,按照商业化的道路进行改革,改革的过程一定对商业银行的信贷政策和相关因素提出一些新的要求。

党的十八大以后是以深化金融体制改革为主线的。十八大报告指出:深化金融体制改革,健全促进宏观经济稳定、支持实体经济发展的现代金融体系,加快发展多层次资本市场,稳步推进利率和汇率市场化改革,逐步实现人民币资本项目可兑换;加快发展民营金融机构;完善金融监管,推进金融创新,提高银行、证券、保险等行业竞争力,维护金融稳定。2012 ~ 2017 年,

---

① 江泽民. 全面建设小康社会, 开创中国特色社会主义事业新局面.

中国银行业取得了较大的成就：一是利率市场化迈出"重要一步"。2013年7月，中国人民银行宣布全面放开贷款利率管制。2015年10月，中国人民银行宣布不再设置存款利率浮动上限，存贷款利率管制终于基本放开。二是民营资本进入银行业的大门已经常态化打开，多层次的银行体系正在构建。2015年5月，首批试点的5家民营银行全部拿到开业批复。此后，民营银行进入常态化发展阶段。截至2017年7月，已有15家民营银行获准开业。十九大仍然是以深化金融体制改革为基调，十九大报告指出：深化金融体制改革，增强金融服务实体经济能力，提高直接融资比重，促进多层次资本市场健康发展。健全货币政策和宏观审慎政策双支柱调控框架，深化利率和汇率市场化改革。健全金融监管体系，守住不发生系统性金融风险的底线。

在商业银行改革的三个阶段中，第一个阶段是成立专业银行，第二个阶段是由专业银行转向商业银行，第三个阶段是完成商业银行的股份制改造并上市的过程。回顾国有商业银行的改革进程可以看出，第一、二阶段是以治标为主，主要是从形式上改变商业银行的形态，第三个阶段在前两个阶段的基础上，改革以治本为主，标本兼治。所谓治本，就是借鉴国际股份制银行的通行做法，对国有商业银行进行彻底的股份制改造。从信贷配给的效率来看，三个阶段的改造过程中，有三个重要的因素对商业银行的信贷配给效率产生了深刻的影响。

首先，商业银行公司治理对信贷配给的影响。十五届四中全会正式提及公司治理的概念，当时强调专业银行要发展成为综合的商业性银行，向企业化、商业化方向发展，不再是行政机构，所以不能按照行政的办法来处理。但是变化往往需要时间，直到1997年全国金融工作会议后，国有商业银行对业务和人员才真正实行了"垂直管理体系"，才为加强内控创造了条件。国有商业银行的改革历程并没有对商业银行的公司治理结构提出太多的要求，但是事实上，在内部人控制、所有者缺位方面的矛盾已经损害了商业银行的运营效率，公司治理效率的低下使商业银行的目标偏离了效率最大化的目标，距离现代商业银行制度仍然有一定的距离。公司治理中若干问题不解决可能面临需要国家再度救助的风险；金融机构缺乏自主定价的环境和科学定价能力，蕴含着重大金融风险；缺乏金融创新体制蕴含金融僵化的竞争力风险；

商业银行目标函数的偏移可能导致商业银行信贷决策效率的低下，乃至影响资金配置的效率。

其次，抵押品对信贷配给的影响。除了对信用度要求比较高的借款人的短期贷款，绝大多数贷款要求借款人提供担保品，事实上，大部分银行将无担保的贷款视为例外情况，大银行可能向一流的借款人发放。在法律的外部环境上，仍然缺乏一种制度上的硬约束。在微观层面上，商业银行仍然面临着一个不健全的法律环境。在法律安排上，与银行信贷相关的法律主要是《破产法》和《商业银行法》，市场经济的风险是客观存在的，不良资产自然也不可避免，但是在处理不良资产时，银行作为债权人，却不一定能行使法律所赋予的权利。抵押品对信贷配给的影响很大，会涉及会计准则、信息披露、司法执行完备、市场信息获取的便利性等问题。银行的最终目标是获得贷款的本金，并不是希望企业违约而获得处置收益，而在法律上的安排、债权是否能依照法律得到既有效果又有效率的保障，就是一个十分关键的问题。

最后，市场垄断程度对信贷配给效率的影响，在市场化的环境中，中国商业银行业的市场化程度仍然不高，四大国有商业银行占有大量的金融资产，从存款余额、贷款余额和资本规模上，占市场的绝对垄断地位。根据焦瑾璞（2002）的研究，我国的商业银行的格局可以判断为垄断竞争型，主要表现在我国长期以来实现计划经济体制下市场势力的继承，政府对市场准入的控制和高度垄断的所有特征。这种垄断的格局不可避免地造成了金融服务效率低下，金融工具简单，缺乏信用评估体制，垄断的直接后果就是金融制度供给和需求的不均衡，造成制度性的信贷缺口[1]。

本章主要考虑商业银行非价格机制的一种配给效率，主要选取了三个的非价格因素对信贷配给的效率进行分析。第一部分主要研究商业银行法人治理结构对信贷配给效率的影响，第二个层面主要研究转型期抵押贷款的效率和信贷配给，第三个层面研究商业银行的寡头垄断对信贷配给效率的影响。

---

① 焦瑾璞. 中国银行竞争力比较［M］. 北京：中国金融出版社，2002.

5.2　商业银行法人治理结构与信贷配给效率

5.2.1　商业银行公司治理概述

商业银行的公司治理遵守公司治理的一般原则。起源于贝利和米恩斯（Berle and Means，1932）[①]所谓的"经理革命"一直到现代公司治理理论的形成，公司治理结构的论战就没有停息，并且形成了两条理论主线，一条主线强调公司内部产权安排的重要性（股东控制模式），另外一条主线研究外部治理对经理人的约束（市场控制模式）。1992年英国Cadbury报告发布后，1996年的Greenbury报告和1998年的Hampel报告从不同角度阐述了公司治理结构，同时，各国政府以及各种经济组织相继提出公司治理准则，比较著名的有世界银行GGF，欧洲的ECGN，美国的ICGN，英国的CACG，日本的CGFJ，以及经合组织的治理结构准则。公司治理结构理论的发展为民营中小企业治理结构的研究提供了理论依据，而各种公司治理结构的原则也提供了方向性的指引。在研究中形成了三种学说：

（1）组织结构学说。该学说的其代表人物为科克伦（Phlip L. Cochran）和沃特克（Steven L. Wartick）、梅耶（Myer），他们认为公司治理问题包括高级管理阶层、股东、董事会和公司其他利害相关者的相互作用中产生的具体问题。中国大部分学者持此观点[②]，如吴敬琏、陈清泰等学者都有类似的论述。

（2）制度安排学说。该学说认为公司治理实质上要解决的是因所有权和控制权相分离而产生的代理问题。米尔斯坦（Millstein，1993）提出公司治理也就是一套筛选、激励、监督高层管理人员，并使之忠于由董事会根据股东

[①]　Berle，A. A. and G. C. Means，*The Modern Corporation and Private Property.* New York：Me Millan，1932.

[②]　吴敬琏. 现代公司与企业改革［M］. 天津：天津人民出版社，1994.

利益做出的经营任务的机制。施莱弗和维什尼（Shleifer & Vishny，1997）、梯若尔（Tirole，2001）也提出了类似的观点①，钱颖一和国内学者胡汝银持同样的观点。

（3）控制决策学说。该学说的代表人物奥利弗·哈特认为，治理结构被看作一个决策机制，而这些决策在初始合约中没有明确地设定。更确切地说，治理结构分配公司非人力资本的剩余控制权，即资产使用权如果在初始合约中没有详细设定的话，治理结构将决定其将如何使用②。

上述的几种观点，从组织、制度和控制决策方面提出了公司治理的问题，其共性有两个：第一，公司治理是一种契约关系，公司治理的安排，其实是一种以公司法和公司章程为依据，在本质上是一种关系合同，它以简约的方式，规范公司各利害相关者的关系，约束他们之间的交易，来实现公司交易成本的比较优势；第二，公司治理的功能是配置权、责、利，公司治理是否有效，关键是要对在出现合同未预期的情况时谁有权决策作出安排。

综观这些治理结构报告和治理结构的原则，已经把重心由公司治理结构的概念和内容转向许多具体的治理机制。国际上比较认同的准则是经合组织制定的《公司治理原则》，包括五个方面的内容：股东的权力；对股东的平等待遇；利害相关者的作用；信息披露和透明度；董事会责任③。国际上对商业银行治理结构的研究，大多与经合组织治理结构的原则不谋而合，当然作为一种特殊组织形式的企业，商业银行的治理结构除了遵循公司治理的一般原则以外，还有其特性。各个国家和国际组织根据银行的特殊组织形式和运营方式纷纷提出了自己对银行业治理结构的原则和促进商业银行公司治理发展的文件，其中比较著名的有国际清算银行（BIS）的《健全银行机构的公司治理》（1999）以及巴塞尔委员会的《改善银行机构的公司治理结构》（1999）。

国际清算银行的《健全银行机构的公司治理》，就银行公司治理的含义、良好银行公司治理遵循的原则及应具备的外部条件等做了进一步阐述，认为

---

① Shleifer, A. and R. Vishny. A survey of corporate governance. *The Journal of Finance*, June 1997.
② 莫奥利弗·哈特. 公司治理：理论与启示［J］. 经济学动态，1996（6）.
③ 陈士孟，支晓强，周清杰. 公司治理概论［M］. 北京：清华大学出版社，2003.

银行公司治理是银行公司涉及董事会和高级管理层通过对银行经营和事物管理方式的治理，影响银行目标的确定、日常业务的运营、关系人利益的考虑、经营的稳健性和合规性、存款人利益的维护等。

巴塞尔委员会几乎在同时提出了自己的治理原则，《巴塞尔银行监管委员会准则》（1999）将公司治理定义为关系的安排，是处理公司管理层、董事会、股东和其他相关方的关系安排，包括：银行雇员、客户、供货商、公司所在社区、监管当局和政府，涵盖面很广泛。巴塞尔委员会在《改善银行机构的公司治理结构》中指出，健全的银行公司治理结构通常包括以下几方面的内容：第一，公司的价值、行为准则以及其他适当的行为标准，同时要以制度来保证以上方面得到遵守；第二，具有明确的公司战略，并以之衡量企业的成功以及个人做出的贡献；第三，决策机构的明确分工与责任的明确配置；第四，在董事、高级管理人员和审计人员之间建立合作和相互影响的机制；第五，强有力的内部控制体系，包括内部和外部审计、独立于行业的风险管理以及其他制衡制度；第六，特别关注暴露出的风险，其中利益冲突可能特别激烈，包括与银行有密切联系的借款者、大股东、高级管理人员或公司中关键决策者之间的经济关系；第七，以酬金、晋升及其他认可方式，为高级管理人员、员工从事得体的活动提供资金和管理激励；第八，适当信息在银行内部以及外部的流动。巴塞尔委员会还颁发了与公司治理有关的其他文件，这些文件包括《利率风险管理原则》（1997 年 9 月）、《银行机构的内部控制体系框架》（1998 年 9 月）、《提高银行的透明度》（1998 年 9 月）、《信贷风险管理原则》（1999 年 9 月）。

综观各个金融组织及国际组织关于商业银行治理结构的标准，都涉及以下几个重要的内容。其一，对于商业银行经营目标的确定。一个良好的公司治理的框架，其核心的内容是通过改变企业内部的激励约束机制以及相关的因素，提升企业的利润和整体价值。其二，对于实现银行目标。在公司治理的各个层面（包括委托代理的各个链条的要素）进行有效整合，使各个元素以及相互间的关系处于一个优化的约束激励机制之下，使之对整个机构产生正面影响。另外一层意思是，这样的一套激励约束机制可以调动各个方面的积极性，使内部各元素的效用函数同整个组织的效用函数一致，这样才能实现银行治理的最优化。

具体来讲，对于商业银行来说，其利润产生在两个方面：一是商业银行的传统业务以及存款贷款业务；二是商业银行中间业务带来的收入，这不在本文的讨论范围。商业银行的传统收入主要来自于存贷差收入，部分的净利润来自于商业银行的名义贷款收益减去贷款风险带来的损失再减去管理费用，而好的治理结构体系，无疑可以在资产组合上作出更好的调整，增加银行的名义收益率，同时增强甄别、规避风险的能力，并且能够降低管理成本。因此可以减少损失，增加贷款的收益，提高资金配置的效率。

5.2.2　经济转型期银行业的公司治理与信贷配给

中国经济转型期的银行业公司治理在概念上引入得比较晚，在实践中，虽然事实上存在着一种治理机制，但是明确把公司治理的概念写入正式文件，并且进入实践相对较晚。1993 年，十一届四中全会正式把一些相关的概念写到报告中去，文件中提到出资人、管理层和职工之间相互制约的关系其实已经涉及股东、管理层和利益相关者的关系，应该说，公司治理的概念初具雏形，但是就公司治理的概念本身，是在 1999 年十五届四中全会上才被正式写入中央的正式文件中。

为了进一步完善商业银行的治理结构，促进商业银行的健康发展，中国人民银行 2002 年 6 月 4 日制定了《股份制商业银行公司治理指引》，其目的旨在建立以股东大会、董事会、监事会、高级管理层等机构为主体的组织架构，保证各机构独立运作有效制衡的制度安排，以及建立科学高效的决策激励和约束机制。其核心内容包括：完善股东大会董事会监事会高级管理层的议事制度和决策程序；明确股东董事监事和高级管理人员的权利义务；建立健全以监事会为核心的监督机制；建立完善的信息报告和信息披露制度；建立合理的薪酬制度强化激励约束机制。

中国银行业的公司治理改革，经历了从剥离分家到专业银行、专业银行转化为商业银行、商业银行股份化改造三个过程。在这三个过程中，应该看到中国的银行业和现代商业银行仍然有很大的差距，就是产权主体的一元化和剩余索取权的不可交易性。其公司治理结构的本质仍然是国家作为委托人，而商业银行的管理层作为代理的行政代理模式①。2003年10月14日中共十六届三中全会通过《关于完善社会主义市场经济体制若干问题的决定》，该《决定》明确指出：选择有条件的国有商业银行实行股份制改造，加快处置不良资产，充实资本金，创造条件上市。同时指出，鼓励社会资金参与中小金融机构的重组改造。在加强监管和保持资本金充足的前提下，稳步发展各种所有制金融企业。中央的这一决定为商业银行的改革指明了方向，中央这一决定不仅为四大国有银行改革的近期走势指明了方向，而且也指明了我国金融业的经营主体将进一步走向多元化。

好的公司治理结构有利于商业银行确立经营目标，确定实现目标的途径，加速决策的执行，实施有效监督；能赢得投资人的信任和社会公众的信任，使商业银行获取更好的发展空间。反之则会导致商业银行的经营失败，改革自身也会以失败告终。托德·米顿（Tod Minton，2000）研究了韩国、马来西亚、菲律宾和泰国的399家公司，发现在东南亚危机中，各个公司在法人治理方面的差异对公司业绩产生了显著影响。麦肯锡公司投资者意见调查（2000）结果也显示，大多数投资者愿意斥巨资投资治理完善的公司。

如果金融机构公司治理或内部控制失效，可能对失误、欺诈、越权或职业不道德行为未能及时作出反映，降低信贷资源配置效率。同时造成信贷资源配置效率的损失，从近几年我国金融业暴露出的有关操作方面的问题看，源于公司治理机制失效而引发的操作风险占了主体，成为我国金融业面临信贷风险中的一个突出特征，也是信贷配给效率低下的一个重要原因。

众所周知，在现代公司的委托—代理结构下，委托人关心的是如何选择监控、激励经理人员。要考虑和解决的核心问题是：怎样才能确保企业经理

①　中国的银行业基本上处于垄断竞争的一种基本态势，虽然在近几年国家对于经营主体多元化作了相当大的努力，但是就股权结构来看，国家一股独大的状况仍然没有得到根本的改变。截至2003年年底，中国有11家股份制商业银行和112家城市商业银行，股份制商业银行资产总额达到3.8万多亿元，但是只拥有全国金融资产的14%。

得到正好为其所需而不是更多的资金以完成有利可图的项目？经理应遵循怎样的准则来经营企业的业务？谁来判断经理是否对公司的资源运用得当？如果运用不当，谁有权决定替换？（米勒，1995）。张维迎把它们归纳为两个基本问题：一是激励问题，即在给定产出是集体努力的结果和个人贡献难以度量的情况下，如何促使企业的所有参与人努力提高企业的产出。二是经营者选择问题，即在企业家能力不可观察的情况下，什么样的机制能保证最有企业家能力的人来当经理（张维迎，1999）。一个理想的治理结构是要实现股东利益的最大化，要达到这个目标必然要求委托人和代理人之间的效用函数具有兼容性和一致性。

作为委托人的资本所有者，其目标可以被认为是追求利润最大化；作为代理人的管理者，其目标是追求个人的货币收入和非货币收入（即效用）的最大化。两者的目标并非完全一致，或者说是有分歧的。因此，代理人就有侵蚀委托人利益的动机。如果委托人不能对代理人形成有效的激励和约束，则这种动机就可能完全转化为现实的行为，委托人能否有效地激励和约束代理人的行为，有赖于委托人所能获得的有关代理人行为和行为结果的信息。资本所有者直接观测管理者的行为从而获取信息，存在着很大的局限性。因为：第一，管理者的很多行为是难以直接观测到的；第二，资本所有者受到专业知识的限制。所以，资本所有者不可能得到有关管理者行为的完全信息，而且信息在资本所有者和管理者之间的分布是不对称的，即后者相对于前者具有信息优势。资本所有者更容易和更多观测到的是管理者的行为结果，例如利润水平、股票价格等。但是，这些行为结果是管理者行为和不确定的随机因素共同作用的结果，也就是说一个好的结果并不一定源于管理者的努力工作，而一个坏的结果也不一定是由于管理者的偷懒。因此，观测管理者的行为结果也不能使资本所有者获得充分信息。在信息不完全且不对称的条件下，若想让代理人与委托人的行为目标完全一致是不可能的。换言之，只要存在委托—代理关系就要付出代理成本，获得代理收益以承担代理成本为前提。但是，一套有效的激励—约束机制可以缩小两者的目标距离，削弱代理人对委托人利益的侵害。

5.3　经济转型期抵押贷款的效率

5.3.1　转型时期抵押品的特征

抵押权为罗马法以来近现代各国民法最重要的担保物权制度，被称为"担保之王"。然而在不同的国家、不同的社会历史阶段，由于各国文化、制度、风俗道德的差异，抵押权制度的发展，也具有各自不同的特点。其中罗马法的担保物权有三种，即信质、质权和抵押权，"其中信抵质早已消失，至Justinianus 大帝之时，唯认为有 Pignus 及 Hypotheca 二种"①。即质权和抵押权两种。当借款人不能如约偿还银行贷款，银行有权处理担保品以确保自己的安全利益。

在信贷配给模型引入了抵押权以后，信贷配给的量发生了很大的变化。西方的学者对此进行研究，基本上形成了两种观点：一是贾菲和莫迪格利亚尼（1976）等提出的借款者所提供的抵押品越多，他得到的贷款也就越多；另一种观点与此不同，典型的有斯蒂格利茨和韦斯（1981），他们在论及抵押品时提出，当借款者属于风险厌恶类型时，银行不会以抵押品作为信贷配给的手段，因为提高抵押品要求和提高利率一样会引发逆向选择。也就是说，借款者所提供的抵押品越多并不一定意味着得到的贷款就越多。韦斯（1983）随后论证了即便借款者属于风险中性类型时，斯蒂格利茨和韦斯关于抵押品和信贷的关系的结论也成立。

许多文献中提到抵押品被广泛使用的实例。例如利斯和斯科特（Leeth & Scott，1989）提到，在得到贷款的公司中约 60% 提供了抵押品作为贷款的保障；伯杰和尤德尔（1990）提到，美国几乎 70% 的工商业贷款提供了担保，并且经验表明，抵押品大多时候与风险较大的借款者、风险较大的贷款和风险较大的银行相联系。

---

① 黄赤东，梁书文. 担保法及配套规定新释新解 ［M］. 北京：中国民主法制出版社，1999.

　　从法律的界定上，抵押权有三重含义：第一，抵押权是一种物权，具有物权的属性和法律效力；物权的根本属性是其支配性，即物权人可以直接支配物而不需要他人的积极协助。抵押物作为一种物权，其支配性主要表现在对抵押物价值。第二，抵押权为担保物权，抵押权是抵押权人直接对物享有的权利，可以对抗物的所有人和第三人。抵押权作为担保物权，有其自己的特殊作用，担保债的履行而与债权有着不可分割的联系，抵押权的实质内容在于取得物的交换价值。抵押权对物的支配，实际上是对物的交换价值的支配。因为抵押权以取得抵押物的交换价值而实现债权的受偿为目的。故抵押权具有价值权之称。第三，抵押权是不移转标的物占有的担保物权。《中华人民共和国民法通则》第八十九条对抵押作出规定："债务人或者第三人可以提供一定的财产作为抵押物。债务人不履行债务的，债权人有权依照法律的规定以抵押物折价或者以变卖抵押物的价款优先得到偿还。"1995 年颁布的《中华人民共和国担保法》则一改《民法通则》的粗线条的做法，于第三十三条中规定，抵押是指债务人或第三人不转移担保财产的占有，而以该财产为自己或他人的债务提供担保，在债务人不履行债务时，债权人有权依照法律规定以该财产折价或者以拍卖、变卖该财产的价款优先受偿的一种债权担保方式。

　　在经济转型期，中国信贷市场的抵押权存在着很多新的特点，但是基本上，借款者能够提供的抵押品的多少与其得到的贷款量呈正相关的观点比较符合实际。斯蒂格利茨和韦斯所论的抵押物作为风险甄别器（screening device）、借款者提供的抵押物越多表明风险越大的结论在中国似乎难以找到证明。经济学家吴敬琏针对中国的情况指出："中国市场经济的改革已经二十多年了，但现代市场经济所必要的国民信用体系并没有建立。近年来，经济生活中失范的行为越来越广泛，……"他还从"现代市场经济是信用经济"的高度呼吁社会各方着手共建诚信社会①。在一个诚信环境非常差的社会，要求银行提高资产质量水平，银行在没有大的利润压力下的简单对策就是减少贷

----

① 吴敬琏. 信用担保与国民信用体系建设［EB/OL］. http：//finance. sina. com. cn，2001 - 11 - 13.

款，或者要求每笔贷款提供足额的抵押物，抵押物成为配给信贷的主要手段，这大概就是当前中国信贷市场上的现实。在经济转型期，其抵押权担保存除了抵押的共性以外还存在着新的特性。

（1）抵押物权的价值度量不准确。中国现在仍然缺乏一个能够准确评估资产的资产评估体系。抵押物评估是遵循抵押物评估的一般原则、程序和方法，在综合分析影响抵押物价格因素的基础上，对抵押物的客观合理价格进行估计、推测和判断。抵押评估应采用公开市场价值标准，可参照设定抵押权时的类似正常市场价格进行，但应在估价报告中说明未来市场变化风险和短期强制处分等因素对抵押价值的影响。但是中国的资产评估行业管理相对弱化，市场竞争激烈以及评估师自身职业道德和专业胜任能力等原因，仍有部分机构资质不符合设立条件，执业行为不够规范，还有个别机构和评估师甚至违反职业道德迎合委托方要求，随意高评或低估。在 2004 年财政部对存在资质、内部管理或执业质量问题的 51 家机构作出了警告、暂停执业、吊销资格的行政处罚，对 31 名注册资产评估师由行业协会作出协会警告、行业通报批评的行业自律惩戒，对自动离职和挂靠的 325 名注册资产评估师予以撤销注册①。

一个不准确的抵押物价值将会影响抵押物的可信性和价值度，也将增加抵押贷款的风险，同时也将影响商业银行的信贷量。另外抵押物的多样性也使抵押物的评估缺乏一个准确的计量标准，乔治·E. 鲁斯曾经提及，"借款者可能用任何一种资产作为抵押品，其中包括现金、证券、应收账款、存货、设备和不动产。抵押品的类型和形式的多样性使得抵押品估价至多能成为一门缺乏精确性的艺术"②。

（2）抵押物变现成本比较高。贷款抵押物的处置是商业银行贷款管理中存在的突出问题。首先是抵押物的取得，即如何从贷款者手中取得抵押物的控制权；其次是在抵押物取得后变现前如何管理，以何种价格何种途径将抵押物变现，用以补偿贷款的损失。具体地讲，一是抵押品被购买时的价格，

---

① 上官卫国. 财政部全面检查资产评估业［N］. 中国证券报，2004 – 12 – 10.
② 乔治·E. 鲁斯. 贷款管理［M］. 石召奎译. 北京：中国计划出版社，2001：318.

二是抵押品被出售时的市场价格。尤其重要的是抵押物的变现价值，也就是在时间紧迫，无法找到适当的买主时出售所得到的收益。从银行来说，一项资产的抵押就是它的变现价值，而不是它的实际价值。在中国缺乏一个抵押品的变现市场，抵押品的变现能力比较差，在抵押品拍卖时，由于众所周知的"次品车"现象，抵押品的变现价值往往低于它的实际成本和市场价值。

（3）法律处置成本很高。由于抵押人违约，那么抵押权人就会提出对抵押物的处分。法律成本包括信贷纠纷案件的审理和执行成本。有关抵押物处分、追索的规章制度只是一个大的框架，实施起来困难很大。另外，处分抵押物之后，如何解决抵押人的生活必需品问题也未有结论。如 2004 年 10 月出台的《关于人民法院查封、扣押、冻结财产的规定》的司法解释曾在国内银行业掀起波澜。该规定第 6 条称："被执行人及其所扶养家属生活所必需的居住房屋，人民法院可以查封，但不得拍卖、变卖或者抵债。"由于无法将抵押房产变现，银行房贷违约的风险将大大增加[①]。因此对于中国来说，仍然有很多法律需要进一步的完善。

5.3.2　经济转型期加入抵押的信贷配给模型

（1）加入抵押风险的信贷配给模型。信息非对称导致抵押市场的交易费用升高，增加了借款人实际借款成本；并且迫使银行不得不按照市场平均风险水平来贷款，从而低风险借款人不得不支付更高的利率，低风险借款人受损。遵从第 3 章的假设，信贷市场上的交易主体仍然是商业银行和企业（见第 3.2 节），在这里，我们放松贷款抵押的条件假设：

第一，市场上的资金主要需求者是企业，针对每个企业的项目，其自有资金为 W，需要贷款量为 B。如果企业不能申请到贷款，则项目无法进行，其收益为把自有资金放在银行获得无风险收益 $W \cdot (1 + r_D)$；如果获得

---

① 关于人民法院民事执行中查封、扣押、冻结财产的规定. http：//finance. sina. com. cn/stock/y/20041117/07251160021. shtml，2004 - 10 - 26.

贷款，项目有两种可能的结果，成功或失败。项目成功的概率为 P_i （$i=1$，2，3，…，n），不成功的概率为 $1-p_i$ 项目收益为 R_i，如果不成功，企业损失为 c。

第二，如果评估体系不完善，抵押物可能被高估或低估。假设企业的抵押为 C，如果高估，高估值为 C^+，$C<C^+$，高估的概率为 p_c 那么，没有被高估的概率为 $1-p_c$，那么实际抵押的期望值为：

$$E(C)=Cp_c+C^+(1-p_c)>C \qquad (5.4)$$

根据我们上面的分析可以得出：

如果借款者能够提供价值为 C 的资金，那么银行愿意贷出的资金量为 B，如果借款企业能够提供 C^+ 的抵押量，那么商业银行愿意贷出的资金量为 B^+，如果贷款利率为 r，那么可以在回报 R 与抵押品 C 之和不足以偿还所需要资金数额时，借款人就有可能违约，即如果：

$$C+R\leqslant B(1+r) \qquad (5.5)$$

则借款人的净收益为：

$$\pi(R,r)=\max[R-(1+r)B^+;-C] \qquad (5.6)$$

银行的收益为：

$$\rho(R,r)=,\min[R+C,B^+(1+R)] \qquad (5.7)$$

在出现资产评价高估的时候，虽然从形式上，商业银行的收益函数的变化是在相同的抵押品条件下，放出更多的贷款。但是由于抵押品只是评估虚增的部分，在出现违约的时候，商业银行的补偿只有 $R+C$，因此从公式上明显看出商业银行的风险程度增加。

当商业银行无法估计市场上抵押品虚估的金额时，商业银行就把抵押品的比重加大，即在企业提供了 C^+ 的抵押品时，银行只愿意贷出资金数量为 B 的贷款，因此，整体资金配给效率下降，并且，因为风险加大，在同样利率水平下，商业银行愿意贷款的量减小，商业银行的供给曲线向左移动，见图 5-1，进一步加大了信贷配给的额度。

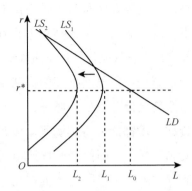

图 5 - 1　增加了抵押筛选成本的信贷配给模型

如图 5 - 1 所示，识别筛选费用的增加使供给曲线 LS_1 移至 LS_2 位置。但是由于利率受到限制，仍维持在水平 r^* 上，根据均衡的短边法则，信贷市场的均衡由供给和需求比较少的那一方来决定，供给曲线的移动使均衡的信贷供给从 L_1 减少至 L_2。原来市场上信贷配给的额度为 $L_0 - L_1$，而现在为 $L_0 - L_2$，配给额扩大。抵押值的虚估对借款人的福利造成了损害，如图 5 - 2 所示。

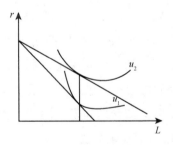

图 5 - 2　借款人的福利损失

当市场上存在着抵押值虚估的时候，在相同的利率水平上，借款人可得到的贷款量变小，这相当于增加了借贷成本，即以更高的价格购买等量的信贷。为了购买信贷 L^*，需要支付更高的费用。效用水平从 u_2 下降到 u_1。这种制度的不完善造成了一种非价格因素的信贷配给。银行为了尽可能减少由信息非对称所引起的识别和筛选费用，不得不提高市场准入条件，通过设置某些易于判断的标准试图将潜在的违约者在入市之初就剔除掉，导致信贷给。当担保贷款条件提高，一些潜在的贷款人被迫离开市场。因此在识别和筛选费用比较高的情况下，由于无法通过提高利率来补偿成本，银行只能通过提高市场准入条件的方式减少贷款风险，规避风险。

（2）抵押处置成本与信贷配给。虽然抵押的虚估给信贷市场的效率造成了损害，但是如果抵押担保是充分有效的，那么银行也有理由认为贷款是安全的，每一个借款人的贷款需求都能够得到满足。但是实际上，抵押处置成本对物质担保的有效性造成了损害，即使企业按照市场价格提供了足额的抵押，也不一定能完全保证贷款的安全。因为从抵押权的设立到住房价格的评估都存在不规范的地方，比如重复抵押、无效抵押以及评估结果不准确等问题，银行在处置抵押物时，合法权益得不到保证。如果抵押制度不健全，导致抵押处置成本高昂，银行对抵押的处置收入不足以补偿由于借款人违约而造成的贷款损失，抵押担保的有效性就会降低，银行将面临遭受贷款损失的风险。

抵押品的处置成本包括处置抵押有关的各种费用：一类是法律费用，包括产权变更、抵押标售、评估费用、律师费用、诉讼费用等与法律相关的费用；另外一类是非法律费用，包括抵押物的维护成本和变现成本。比如，借款人违约造成 m 元贷款未能收回，如果抵押出售时间为 n 个月，假定同期（月）利率为 i，那么贷款资金的机会成本为 $m(1+i)^n - m$。抵押品出售的时间越长，利率越高，资金的机会成本就越大。抵押品维护成本是在住房待售期间，对抵押品进行必要维护和管理而发生的费用支出。待售时间越长，抵押品维护成本越大。另外，《商业银行法》规定：商业银行因行使抵押权而取得的不动产应当自取得之日起一年内予以处分。这样随着时间的延伸，债权人被迫以非合意价格出售的压力就越大，出售价格很有可能无法补偿贷款损失。这意味着抵押担保并不可靠，违约风险及其信息不对称对银行的贷款收益会产生不良影响。影响住房处置成本的因素主要有以下几个：

一是抵押登记制度不健全。登记制度不健全、抵押登记管理不规范等因素可能导致重复抵押或者无效抵押（如将权属有争议的房地产用于抵押），很难有效地保护银行债权人的利益。

二是缺乏债务人安置制度。如住房抵押贷款，一旦借款人违约，贷款就要进入清算程序，需要出售抵押房产来偿还债务。这样债务人的安置就成了问题，处理好这个问题关系到社会稳定以及贷款人能否顺利地将房产出售。目前的做法是由银行或者担保人负责向借款人提供低档次的住房租住，而寻找合适的房源显然是要花费一定的时间和金钱的。一旦银行不能提供廉价住所，那么在事实上抵押房产就很难进入出售程序。

三是变现成本大。如遇协议不成要向法院提起诉讼时，借款人实际上已拖欠款额达 6 个月，再加上诉讼后 3 个月的公告期，法院还未裁决时间已过了 9 个月。即使拍卖或诉讼成功，银行也要主要承担由此带来的诉讼费、执行费、房屋评估费、拍卖费、过户费，以及房产交易税、增值税和印花税等税费支出。

（3）违约成本与信息非对称。所谓违约成本是与违约有关的由借款人来承担的各种费用支出，包括寻找新住所的搜寻费用、搬迁费用等以及信用损失。信用损失表现为在资本市场上再融资时受到额度、利率、担保、期限、资金使用和划拨等方面限制。对于那些严重依赖资本市场的借款人来说，违约的信用损失比较大。

违约成本与理性违约相关。理性违约是指借款人从效用最大化角度出发，在有偿还能力的条件下，以放弃自己在住房中累积权益为代价主动终止执行贷款合同的行为。理性违约取决于两个因素，违约成本和负权益。在抵押贷款中，借款人权益指借款人对住房拥有的所有权以及由此而产生的收益。借款人在物业中积累的权益等于房价减贷款余额。一般来说，随着贷款的清偿，贷款余额下降，借款人权益增加。但是在一个价格易变的环境中，当房价下跌于贷款余额之下时，借款人权益为负，这时借款人就会通过违约来降低偿债成本，即以相当于住房价格的代价偿还抵押贷款。

但是负权益不能解释全部违约现象，违约成本对借款人违约决策也起到重要作用（Quigley & Van Order，1995；Deng et al.，1995）。因为经验研究发现那些在违约后境况变得更糟糕的借款人通常都具有比较高的交易成本。在违约成本存在的情况下，违约条件将会发生变化：令 $C(t)$ 表示时刻 t 的交易成本，$E(t)$ 代表借款人在住房中积累的权益：

$$E(t) = H(t) - L(t) \tag{5.8}$$

只有当 $E(t) + C(t) < 0$，即，违约总成本 $H(t) + C(t)$ 小于违约收益 $L(t)$ 时，违约才是可行的。显然交易成本提高了违约条件。违约成本越高，违约条件就越严格，借款人的违约风险就越小。因此，高违约成本意味着低风险。

违约成本与风险之间的这种关系为我们提供了改善信息非对称的另一种途径。增大借款人的违约成本可以降低借款人的违约概率，进而改善银行的违约风险预期。而市场平均违约风险降低意味着在当前利率水平上银行的期望利润增加，促使银行增加贷款供给，从而每个借款人得到更多贷款。低风险借款人受到的信贷配给程度减轻。因此，增加借款人的违约成本有助于减轻信息非对称的影响。

信用损失是最大的一项违约成本。在一个信用制度健全的社会中，良好的信用记录非常重要，一旦在个人信息记录中发现不良记录，比如恶意透支、故意违约等，那么他的信用活动就将受到严格限制，或者面临高昂的成本，比如，对有多次违约记录的人银行可能会拒贷，或者收取更高的利息，这就是信用损失。很显然，如果社会对失信者的惩罚很大，使他面对真实的失信成本，那么借款人的违约风险将会大幅度降低。要建设良好的信用环境需要政府发挥主导作用，社会各方共同参与才可以实现，令人可喜的是，近年来，中国的征信制度建设取得重大进展，信用意识已经深入人心，征信业已经逐步融入商业银行的日常业务中（详见第 8 章第 3 节）。

5.4 不充分竞争条件下的信贷配给

在一个有效的金融市场中，利率机制有效的运行，多层次的金融机构并存，政府对于金融活动的干预相对比较少但是有效。这种金融体系下，整个金融体系运转比较顺畅和稳定，资金得到有效的配给。

关于垄断对于效率的影响，哈佛学派的梅森和贝恩（Mason & J. B. Bain）创立 SPC 分析框架［市场结构（struction）→企业行为（conduct）→经济绩效（performance）］，这个分析框架认为三者之间存在着因果关系。即市场结构决定企业行为，企业行为决定市场运行的经济绩效，在 SCP 分析框架中，对市场集中度和利润率之间关系的研究处于核心地位。在哈佛学派看来，在垄断或者寡占的市场结构中，会产生少数寡头企业间的共谋、协调行为以及通过高进入壁垒限制竞争对手进入市场的寡占行为，其结果往往是削弱了市场的竞争性，产生超额利润，导致不良的市场绩效，造成资源配置的非效率或者社会福利的净损失等。这就是"集中度—利润率"假说。这种研究范式所隐含的一个因果关系是，垄断结构必然导致垄断行为并带来社会福利的净损失。根据 SPC 框架的分析，当存在着垄断时，银行的决策行为发生变异，会对金融机构的信贷资金配给效率产生影响，一是改变了信贷资金量和资金流向，二是取得超额利润。但是事实上存在着两种垄断模式，一种垄断模式是市场机制影响的垄断模式，另一种垄断模式是政府行政干预而形成的垄断模式，这两种模式对于资源配置的影响程度是不一样的。根据判断，经济转型期的银行业的组织架构具有非竞争性的特征，影响了信贷配给的效率。

5.4.1　组织体系的非竞争性：对我国银行业的一个基本判断

按照西方经济学的基本原理，不完全竞争市场是相对于竞争市场而言的，判断一个市场的类型，判断的标准有三条：第一条标准是市场上厂商的数目和市场集中的程度，第二条标准是其他任何厂商进入该行业的难易程度，第三条标准是该厂商生产的产品是否有任何相似的替代品。银行业提供的主要是信贷产品，产品的替代程度相对较低，也缺乏一个相对完善的直接融资市场，可以提供替代产品，因此要准确判断银行的垄断程度，要依靠前两个标准，我们将就市场集中度和行业进入程度进行分析。

（1）市场集中度分析。对于银行业集中度的测定是描述该市场结构的一种最为常见的方法。所谓市场集中度，即某一特定市场中少数几个最大的企业所占的份额。一般来说，集中率越高，少数企业的市场权力就越大，市场的竞争程度就越低。如果在市场财务不透明的情况下，主要采用行业集中率指标进行分析。

本研究选用 CRn 操作性较强的市场集中率衡量指标，分别对中国商业银行业 1996~2000 年期间的资产、资本、存款、贷款、利润、机构和人员等主要项目的市场集中率进行测定。CRn 是指某行业中前几家最大企业的有关数值的行业比重，这一指标数值越大，表明该行业的垄断性就越高，式中通常 n 的取值为 4 或 8，我们取 4 对中国银行业的垄断程度进行分析：

$$CRn = \frac{\sum_{i}^{n} X_t}{\sum_{i=1}^{N} X_t} \tag{5.9}$$

其中，n 代表该行业取几家企业的数量，N 代表行业内企业的总数，本书中取 n 值为 4，对金融市场的集中度进行分析，即分别取中国工商银行，中国建设银行、中国银行和中国农业银行的相关数据来计算集中度，根据测算可以得之（见表 5 - 2）。

表 5 - 2　　　　　　　　　　市场集中率 $CRn4$　　　　　　　　单位：%

项　目	1995 年	1996 年	1997 年	1998 年	1999 年	2000 年
资产总额	69.08	66.13	61.99	63.77	64.32	72.19
存款总额	61.04	61.43	62.17	63.09	63.73	76.15
负债总额	61.19	59.28	59.83	61.96	61.30	72.67

注：商业银行市场总额由国有商业银行、其他商业银行（包括城市商业银行）、城市信用社和农村信用社的相关数据构成；营业收入与净利润的市场总额由前 14 家商业银行之和代替。

资料来源：1995 ~ 1999 年数据来自于焦瑾璞的《中国银行业竞争比较》，第 51 页，2000 年数据根据《中国金融年鉴》及人民银行统计资料整理。

中国商业银行各项主要指标的 CR4 值都在 60% 以上，其中资产的集中率高达 70% 以上，存款、贷款和机构的集中率也都在 60% 以上，具有一定的寡头垄断型市场结构的特点。

（2）进入退出机制分析。长期以来，我国对银行业及整个金融业一直实行非常严格的政府管制，使银行缺乏良性的市场进入和退出机制，政策性壁垒成为我国银行业的主要进入退出壁垒。一方面，进入银行业要受到严格的营业执照的条件等限制；另一方面，退出银行业要受到诸如托管、合并等障碍的制约。截至 2003 年 6 月，我国共有 3 家政策性银行、4 家国有独资商业银行、11 家股份制商业银行、111 家城市商业银行、758 家城市信用社、35544 家农村信用社、74 家企业集团财务公司、12 家融资租赁公司、已重新登记的信托投资公司 52 家及 130 家证券公司、57 家保险公司和 180 家营业性外资金融机构①。但是国家对与银行业进行严格的控制，对新兴商业银行和外资银行在设立分支机构方面也严格限制。这种通过控制市场中银行数目的做法无形中削弱了我国银行业的竞争程度。

从行业退出角度看，除 1998 年海南发展银行倒闭以外，银行业的同业并购及跨行业并购也不过数起（如 1998 年 12 月中国投资银行并入国家开发银行，1999 年 3 月光大银行整体收购原中国投资银行 29 个分支行的 137 家同城营业网点，1996 年广发展收购中银信托投资公司）。由于设立新的中资银行法人机构会对我国现有银行体系和市场格局带来重大影响，而我国银行业的风险还比较突出，银行业机构的市场退出机制尚待完善，因此银行业监管机构一直对新设股份制商业银行法人机构实施审慎的准入措施。

从上面的分析可以看出，中国的银行业仍然处于市场集中的一个态势，市场上虽然存在着大量的金融机构，但是从资产份额和存款贷款份额上来看，四大国有银行都占着绝对垄断的地位。另外，从行业的金融情况来看，商业银行一来存在着本身资金的要求比较高的行业特殊性原因，二来为了国家的金融稳定和适应规避风险的要求，国家对于新设立的分支机构采取审慎的态度。

哈佛学派认为，市场集中度和市场竞争之间是存在一定矛盾的，而集中度和利润率之间存在着负相关的关系。

5.4.2 经济转型期非竞争条件下银行信贷配给量的变异

为了分析垄断条件下信贷配给的状况，我们建立一个模型进行分析。首先我们分析一下不存在着政府管制的垄断模型。假设：

- 银行业在组织结构上存在着寡头垄断，这与我们上面的分析相同；
- 各个寡头垄断的银行提供基本上相同质量的信贷产品；
- 市场准入相对比较困难。

首先看商业银行面对的需求曲线。如图 5 - 3 所示，商业银行面对的资

---

① 参见《中国金融年鉴 2004》。

金需求曲线 L_D 是一条向下倾斜的曲线。因此，商业银行可以通过改变其信贷量来控制利率水平；以信贷量的减少来提高价格（利率），从收益看，商业银行的平均收益 AR 等于信贷产品的利率 r，平均收益 AR 也不断下降，垄断银行的总收益曲线 TR 是先增后减的，垄断银行的边际收益也呈现不断下降的趋势。总收益 TR 和边际收益之间的关系是：当 MR 为正值时，TR 是上升的，在 MR 为负值时，TR 下降。如图 5 - 3 所示，垄断银行的收益曲线呈现以下的特征：

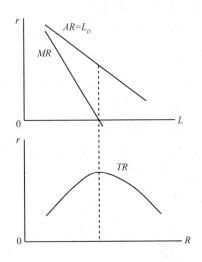

图 5 - 3 某垄断银行的收益曲线

第一，银行的平均收益曲线 AR 与需求曲线 L_D 重合，表示在每一个信贷量上银行的收益曲线都等于利率。

第二，银行的边际收益曲线也是向下倾斜的，并且处于银行平均收益曲线的下方，表明在每一个单位的信贷量上，银行的边际收益都小于平均收益。

第三，银行的总收益 TR 先上升，达到最高点以后下降，$MR = MC$ 时达到最高点，假定线性的需求函数为 $r = a - bL$，其中 a，b 为常数，并且有 a，$b >$ 0。由上面的分析可以得出商业银行的总收益：

$$TR(L) = rL = aL - bL^2 \tag{5.10}$$

$$MR(L) = \frac{\mathrm{d}TR(L)}{\mathrm{d}(L)} = a - 2bL \tag{5.11}$$

那么根据总收益和边际收益曲线可得其斜率分别为：

$$\frac{\mathrm{d}r}{\mathrm{d}L} = -b \tag{5.12}$$

$$\frac{\mathrm{d}MR}{\mathrm{d}L} = -2b \tag{5.13}$$

因此可以有以下的结论：垄断银行的边际收益曲线的斜率要小于平均收益曲线的斜率。

那么根据上面的分析，我们观察一下垄断银行信贷量的均衡，如图 5 - 4 所示。

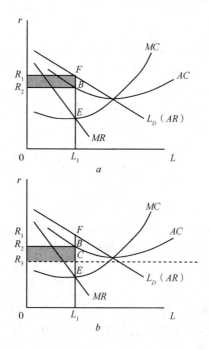

图 5 - 4　行政性垄断下的银行的效率损失

L_D 表示信贷市场的需求曲线，AC 为银行的平均成本曲线，MR 为银行的边际收益曲线，MC 为银行的边际成本曲线。

如果不存在利率管制，如图 5 - 4a 所示，商业银行根据 MR = MC 的原则调整，将贷款利率调整到 R_1，将贷款量调整到 L_1 的位置。其利润量等于图中

R_1FBR_2的面积，此时，商业银行获得了超额利润。如果存在利率管制，管制利率低于在 MC = MR 条件决定利率，在图 5 - 4b 中我们用 R_3 表示，在这个水平上，垄断银行出现亏损，亏损的面积为 R_2BCR_3，这跟我国的现实情况是符合的。据统计，1992 ～ 1996 年，国家控制金融的成本迅速超过控制收益，净成本高达 16570.92 亿元（张杰，1998）。

　　一方面，垄断造成信用萎缩。国有商业银行垄断的 S－I 转化机制及信用体系的缺失，使商业银行积聚了巨额不良资产，直接占用了银行可贷放资金；在企业信用无法得到有效披露的情况下，银行无法识别企业的信用水平，出于防范风险、生存及满足国家考评体系要求的需要，不得不采取审慎放贷行为，致使银行存差不断加大，存贷比率不断下降。

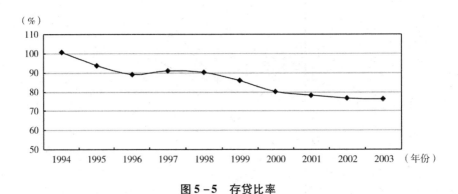

图 5 - 5　存贷比率

资料来源：本文所引用数据根据《中国金融年鉴》1994 ～ 2003 年的数据计算所得，其中银行业包含国有独资商业银行和十家股份制商业银行的数据。

　　我国银行系统 1995 年出现"存差"，当年存差余额 3324 亿元，以后连续八年"存差"，余额逐年增加，到 2002 年年末"存差"高达 39623 亿元，比 1995 年年末增长 10.92 倍，其中有两年（1999 年、2000 年）增长速度达 62% 和 64%，有三年（1998 年、2001 年和 2002 年）增长速度 22% ～ 28%，1996 年增长速度最高为 1.23 倍，只有 1997 年增长速度不到 1%，处于稳定状态[①]（见表 5 - 3）。

---

　　① 江其务，周好文. 银行信贷管理［M］. 北京：高等教育出版社，2004.

表 5 – 3　　　　　　　　中国银行体系 1995 ～ 2002 "存差" 动态

年份	存差余额（亿元）	比上年增长（%）
1995	3324. 2	—
1996	7418. 4	123. 16
1997	7476. 2	0. 78
1998	9173. 8	22. 71
1999	15044. 6	64. 00
2000	24433. 3	62. 40
2001	31302. 5	28. 10
2002	39623. 0	26. 58

资料来源：江其务，周好文. 银行信贷管理［M］. 北京：高等教育出版社，2004.

另一方面，垄断造成信贷配给的不平衡。据 IFC 调查报告：到 1998 年年底，我国非国有部门的产出增长大约占 GDP 的 27%，但直到 1999 年年底，它们仅获得银行贷款总额的 1%，它们 90% 以上的原始资本来自业主、合伙人或家族，它们所融通资金中至少有 62% 来自业主或企业留存利润，以至于 80% 的非国有企业因为缺少融资途径而严重束缚了它们的发展。在第 6 章，我们将就中小企业信贷的问题进行具体的研究。

5.5　小　　结

中国经济转型期的信贷配给效率受到了非价格配给的严重影响。根据上面的分析，结论如下：

（1）关于公司治理方面的改革，应该理顺产权关系，加快商业银行股份制的改造，关键不是在于形式，而是在于神似。在策略上应引入外部战略投资者，促进商业银行实现股权多元化的目标。同时根据商业银行的内部特点，建立起既有科学合理的风险约束，又受利益机制调节的商业化经营机制，进行机构调整、人员裁减，转变业务发展方式，以提高经营效率。

（2）对现有的抵押担保等制度进行根本的改革。商业银行缺乏一个良好的外部金融生态环境，在此条件下商业银行发放信贷的可回收性将受到极大的威胁，其根本的做法是完善相应的法律条款，使抵押担保制度彻底落到实处。另外，通过立法和完善现有法规使借款人的违约成本现实加大，这样在一定程度上可以降低贷款的"门槛"，同时减少违约带来的风险。

（3）对于现有垄断格局的改变。主要是对目前现代市场主体的引入和培育。尽管我国已有一批新兴股份制银行、地方性银行成立及外资银行分支机构设立，但在设立分支机构和业务开展方面受到严格限制，民营银行的进入和发展则受控更严。因此，对内、对外开放银行业，鼓励民营银行和外资银行的设立，进一步充实现有银行体系是克服现有银行业垄断不利影响的关键。最终将在组织架构营造多元的竞争主体，形成一个开放的市场。

（4）为利率市场化创造一个良好的氛围是利率市场化得以成功的根本保障。一是对存款货币银行（DMHs）有充分的审慎管制和监管，二是合理的价格稳定程度，三是存款银行（则 HR）的利润最大化和竞争行为。只有这些外部环境得到根本的改变，才有可能获得良好的信贷资金配置的效率。

第6章　经济转型期信贷配给模型在微观层面上的运用

6.1　信贷配给与中小企业融资

6.1.1　中小企业的融资困境

中小企业的迅速崛起，对中国经济产生了不可估量的贡献，但是中国中小企业在取得巨大发展的同时却面临着融资难的困境，本书试图用"双重信贷配给"来解释中小企业融资困境，并提出解决中小企业解决融资困境的方法。

改革开放后，中小企业迅速崛起，使中国整体经济在外部不利的环境下仍保持了较高的增长速度，20世纪末，我国工业产值的60%、利税的40%、就业机会的75%和出口的60%，都是中小企业创造的。中小企业蓬勃生长，不仅为我国的经济增长作出了巨大贡献，而且为消化国家企事业单位富余人员提供了机会。

在20世纪90年代后期经济不景气和经济转型两大背景的交叠下，中小企业面临着越来越多的发展约束。一个突出的表现是非国有制企业的产值和其所获贷款量的严重失衡。1998年非国有企业尽管其工业总产值占到了社会工业总产值的70%以上，但是得到的贷款却不到贷款总额的30%[①]；其中非

---

① 樊纲. 发展非国有银行势在必行 [J]. 财贸经济, 1999 (6).

国有中小企业的主要资金来源中，继承家业、劳动积累以及合伙集资即所谓内源融资的比重高达65.2%，而银行与信用社贷款等外源融资仅占10.7%[①]。非国有的中小企业面临的信贷约束在短期贷款中更是突出，在短期贷款的客户结构中，乡镇企业仅占9.2%，私营和个体企业一起仅占0.78%。我国民营企业向国有商业银行借款，感到困难和很困难的占63.3%，感到容易的仅有14.6%，很明显，非国有中小企业在信贷市场上面临的严重的"信贷配给"。

中小微企业的融资成本非常高。马骏（2014）的研究表明，部分地区小微企业的融资成本高达20%，甚至更高，而大型国企的资金成本只有6% ~ 7%，两者相差约13个百分点；在其他国家，大企业和小企业之间的借贷成本仅相差5~6个百分点，这是正常的水平[②]。

与此同时，一些商业银行的资金却无法贷出，从1995年开始，中国银行系统出现了与超贷现象相反的存款大于贷款的"超存"或"存差"现象。截至2002年年末，"存差"余额达到39623亿元，占全部存款余额171000亿元的23.18%[③]。这种互相矛盾的现象的产生，很大程度上应归因于银行转型中的体制因素和中小企业信贷市场中的信息因素的双重作用。一方面，商业银行发放贷款更为谨慎，这样就使企业面临的信贷条件日渐严峻，而那些资本金较少、借贷历史较短、信誉尚未建立的（企业初始阶段甚至没有信誉）中小企业很可能首先被挤出信贷市场；另一方面，中小企业由于自有资金不足，又无法提供有效的贷款抵押而面临更为严厉的信贷配给。商业银行对于中小企业实施信贷配给的动机究竟是什么呢？如何才能更好地消除这种信贷配给现象呢？

6.1.2 中小企业面临的双重信贷配给

本书更倾向于基顿的概念，即在所有贷款申请人中，只有一部分人得到

---

① 张其仔. 社会资本论——社会资本与经济增长［M］. 北京：社会科学文献出版社，1997.

② 马骏. 四原因致小微企业融资成本高. http://news. xinhuanet. com/fortune/2014 – 06/25/c_ 1111314128. htm. 2014 – 06 – 25.

③ 参见《中国金融年鉴2003》。

贷款，另一部分人被拒绝；或一个给定申请人的贷款只能部分地被满足[①]。中小企业受到信贷配给的一种直观解释是：一方面，由于中小企业借贷历史较短、资本金较少、抵押不足，使得银行无法判断中小企业的性质，这样，对于同样数目的贷款，银行为中小企业服务时要获得接近完全信息支付的成本会远远大于为大企业服务时支付的贷款成本，从而使中小企业面临信贷供给不足的状况；另一方面，中小企业的投资主要依赖于银行贷款，这样其信贷需求强烈；二者的共同作用结果就是中小企业在信贷市场上的需求远远大于供给，其贷款需求无法得到满足。

马蒂内利（1997）认为由于中小企业多属于借贷历史较短的企业，其借贷的额度较小，支付的利率水平较高；而信贷市场的收缩会通过利率传导到中小企业。银行不仅生来喜欢大客户，而且在面临信贷收缩时对于大客户的需求给予更多的照顾。

国内的学者对中小企业融资困境也做了一些研究。林毅夫（2000）建议大力发展中小银行，以增加对于中小企业的信贷；或者增加中小企业的融资渠道，降低中小企业对于垄断银行的依赖程度。吴敬琏（1999a，1999b）则建议保护和发展适合中小企业发展的金融机构、推进银行的企业化进程、清晰界定中小企业的产权并开通中小企业产权交易的渠道等。樊纲（1999）认为，中国的中小企业（非国有企业）很难得到国有银行贷款的一大原因就是"所有制关系不兼容"。

但是，中小企业融资所面临的困境有其特殊性和复杂性，绝非单一市场机制下的信贷配给一样简单，如果用单一的信息不对称导致的逆选择或者道德风险解释发展中国家或者中国目前存在的信贷配给，无疑是缺乏解释力的。

转型经济时期，受到金融资源短缺的约束，其信贷资源的配置实际上受到"计划"与"市场"的双重约束，形成一种"双重信贷配给"机制作用：

一是受到金融深化机制的影响，正如大多数发展中国家采用"政府主导型"的发展战略，我国在经济市场化过程中不可避免也烙上了"计划"的痕迹。"政府主导型"的发展战略一个重要的特征就是通过金融抑制来强化金融

---

① Keeton，W. *Equilibrium Credit Rationing.* New York：Garland Publishing Company，1979.

资源流向主导产业、主体经济部门；另一些企业却得不到应有的金融支持。麦金农的金融深化理论无疑可以解释这些信贷资源的流向。这一现象的产生与存在必然有其必然性和一定的合理因素，而绝非单纯政府歧视或是政策失误。

二是受到市场影响。在从计划经济向市场经济的转型过程中，国有银行的改革方向必然向着商业化发展，在商业化的环境下，商业银行发放贷款必须考虑两个因素。第一个因素是贷款的发放是否有风险；第二个因素是收益率的问题，在第一个因素不能保证的前提下，第二个因素就无从谈起。那么在这种机制的影响下，斯蒂格利茨和韦斯提出的因为信息不对称而产生的道德风险问题和逆向选择问题就相应有了一定的解释力。即由于借款人方面存在的逆向选择和道德风险行为，信贷配给也可以作为一种长期均衡现象存在。

转型经济条件下信贷配给现象并不是单纯从市场或者从计划来讨论信贷配给，完全割裂了金融深化和金融抑制对信贷配给的影响是不可取的。大量经验和理论实践证明，以金融深化为特征的发展中国家，并没有放弃金融抑制的必要性。那种认为二元制经济下的信贷配给与市场经济水火不容、格格不入的观点不符合发展中国家金融改革的实际情况。

转型经济国家，金融深化和金融抑制虽然在利率管制和经济增长之间的传导机制上日益深刻具体，但"始终没有跳出麦金农和肖的微观经济主体'黑箱'运动的局限"[1]，在市场利率化的条件下，银行可以对贷款分别定价。即对银行认为风险较大的借款人收取较高的利率，对风险较小的借款人收取较低的利率。那些愿意支付高利率的借款者具有较高的风险程度，他们愿意支付较高的利率是因为他们觉察到他们还款的概率较小。

如果政府实行利率管制，中小企业会普遍受到信贷配给。银行不能对于中小企业根据其风险状况实行差别定价，银行就会对于中小企业的借款需求提出许多非价格条件，诸如抵押水平要求、信用担保要求、信贷额度控制等，结果是中小企业感到自己受到了不公正对待。作为解决的一种思路，就是需要实现利率市场化，这只是意味着银行拥有根据客户类别制定利率的权力，

---

① 何光辉，杨咸月. 中国小企业融资担保发展的理论研究［J］. 财经研究，2000（8）.

并不意味着对于中小企业的贷款利率就必须上浮；因为贷款利率太高，将可能导致银行的预期收益下降的情形发生（Stiglitz & Weise，1983）。

6.1.3　中小企业获得金融资源的内生约束

中小企业无法通过有效的手段向商业银行传递关于自己类型的有效信息，如无法提供有效的抵押物、商业银行无法有效监督贷款的使用方向。除去二元经济对其的约束以外，中小企业内生的约束也决定其无法获得金融支持。中小企业的"规模"限制，使它们在产业分工中一般处于底层，从事附加值比较低的生产经营活动①。而且，当经济发生波动时，这些中小企业的经营状况将会很容易受到影响，造成产品积压、资金紧张。中小企业的这些特征，使得银行对其发放贷款时，发生亏损的可能性很大。

在这种条件下，银行就更有充足的理由对于中小企业的借款需求实施信贷约束了。中小企业内生性的约束在于：中小企业建立的时间比较短，资本金较少，如果整齐划一地实施现代企业制度或者财务制度，有规模不经济的现象存在，无法向银行传递自己真实类型。信贷约束的根本原因是由于企业对于自己的类型和行动具有比银行更多的知识和更清楚的认识，银行无法判断求贷企业的真实类型，也无法监督企业取得借款后款项的投向（或是因为成本太高，或是因为法律限制等）；对于那些借贷历史较短、借款额度较小的企业，银行的监督难度更大。因此，银行对于这些企业的贷款不仅仅依赖于市场中的供给和需求，还依赖于自己对于求贷企业平均类型的判断，作为这种考虑的结果，借贷市场上的需求大于供给的状况就会经常出现。

6.1.4　破解中小企业融资难题的探索

商业银行是否贷款，其数量有多大，其根本在于能否收回贷款和收益率的问题，如果这两个问题能够得到根本的解决，信贷约束的程度就会大大减

---

① 林兆木，常修泽. 中国中小企业的改革与发展对策. http：//www.cird.org.cn，1999.

轻。从上面的分析来看，解决中小企业信贷约束的较好的办法是加快利率市场化的进程；建立中小企业实现信用体系联网，在信贷体系内信息共享；同时建立信用担保体系。这样，中小企业的借贷记录就会更容易为银行所获得，中小企业的借贷声誉也就更容易形成会弱化信贷配给的作用机制。

（1）加强中国金融体系的改革，加快利率市场化的进程。2002年8月，中国人民银行下发了《中国人民银行关于进一步加强对有市场、有效益、有信用中小企业信贷支持的指导意见》，提出了建立健全中小企业信贷服务组织体系，完善授信评级制度，努力开展信贷创新等10条指导意见，为进一步加大金融企业对于中小企业贷款的支持，就得进一步加强利率市场化的进程，商业银行可以完全调整或者控制中小企业的贷款利率浮动范围，商业银行就可以相应地建立风险甄别机制，减少信贷风险，中小企业也可以获得更多的贷款支持。

（2）实行企业贷款登记制度，建立中小企业信贷联网体系。银行对于中小企业的信贷约束来自于和中小企业之间信息的严重不对称，对于中小企业以往业绩的正确判断，以及处理贷款过程中的交易费用过大。由于自身的缺陷，中小企业又不能把自身的信用信号传递到银行。建立中小企业贷款登记制度，建立中小企业的信贷联网体系，可以从一定程度上弥补这样的缺陷。

首先，在建立了贷款登记制度和中小企业的信贷联网体系以后，银行可以比较容易地获得企业以往的借款记录，对企业的真实类型和企业的业绩有一个更为正确的判断，减少了道德风险和逆向选择行为。其次，如果企业想获得贷款，那么它必须在这个体系中获得良好的记录，这样企业就会选择收益稳定、风险较小的好项目，以谋求在信贷体系中有一个良好的记录。最后，目前大型商业银行在进行贷款审批时，操作成本并不是由贷款数量的大小决定的，也就是说，不同数目的两笔贷款在实际操作中成本并无太大的差异，因此，大型商业银行比较倾向于把贷款发放给大型项目。在建立了中小企业信贷联网体系以后，信贷网体系可以建立中小企业信贷或者信誉的档案库，商业银行如果想贷款给中小企业，可以从这个体系中获取信息，因为信贷联网体系要处理大量的中小企业的信息，因为规模效应，处理每一家中小企业贷款的成本就会大大降低。

（3）建立中小企业的信用担保基金。发达国家的经验表明，设立中小企业信贷担保基金是解决中小企业信贷约束的一个好办法。在美国，小企业管理局作为一个永久性的联邦政府机构，其主要任务是帮助小企业发展尤其是帮助小企业解决资金不足的问题。小企业管理局经国会授权拨款，可通过直接贷款、协调贷款和担保贷款等多种形式，为小企业给予资金帮助。西班牙在行政上设立了从属于经济财政部的中小企业专门机构（该机构由部际委员会、政策工作小组和中小企业观察局三部分组成）。多数发达国家如日本、法国、德国等除专设主管政府部门外，还设有专门的中小企业金融机构。

我国对于建立信用担保体制也进行了一系列的尝试。1998 年以来，中国人民银行、财政部和经贸委联合对中小企业信用担保体系进行研究，制定制度办法，规范管理，通过第三方介入信用，帮助中小企业获得贷款。这种政策性担保基金的设立不应该具有普遍性，即不应该对于所有的中小企业提供担保，其重点应该在于适合中国比较优势的劳动密集型产业内的、获利较为稳定的中小企业。设立担保机构属于对于中小企业融资的一次大胆的改进，但是从根本上讲，一系列分散的担保机构，只是部分转移了银行的甄别职能，对于中小企业的融资并没有根本上的帮助，只是交易费用的再分配。从根本上讲，担保机制是否可以帮助中小企业把信号传递到银行，在于是否形成一个担保体系，在这个体系中，信息是否可以共享，只有信贷联网体系下的担保体系才可能是有效率的体系。

6.2　信贷配给与农户小额信贷

6.2.1　农户小额信贷的概述

改革开放使中国开发式扶贫工作得到了长足的进步，农村的贫困现象大部分得到了消除。但是也应该认识到，当前尚未解决温饱问题的贫困人口，虽然相对数不大，但是绝对数量还不少；已经解决温饱问题的农民，状况还不稳定。目前，农户面临的困境是缺乏有力的资金支持，一些有条件的农户如果注入资金，就会产生"造血机制"，并很快脱离贫困，但是因为农户缺乏抵押，无法通过正规金融机构的风险审查阶段，因此无法从正规金融机构取得有效的金融支持。基于这种状况，政府试图通过扶贫贴息贷款的形式帮助农户摆脱贫困，从1986年开始，政府累计发放扶贫贴息贷款1500亿元，贴息贷款的确对政府扶贫、减少贫困做出了巨大的贡献，但是也出现了很多问题，如相当大一部分扶贫贷款被挪为他用；贴息贷款的利息低得令人难以置信。基于上面的情况，从20世纪90年代初开始，在一些国际组织驻华机构的帮助下，中国开始了小额信贷的一系列实验，90年代中期，小额信贷开始向中西部省区推广。小额信贷起源于孟加拉国的乡村银行（GB），是指专向低收入阶层提供小额度的持续信贷服务活动，最基本形式是针对低收入农户的小额信贷。在亚洲、非洲和拉丁美洲的发展中国家，小额信贷已经取得了巨大的成效。在中国，农户小额信贷包括三种模式——政府主导型小额信贷、国际机构资助的小额信贷以及金融机构的小额信贷。但是无论是哪种机构，都出现了可持续发展的问题；也就是小额信贷机构虽然对贷款的回收率比较高，但是无法弥补其付出的成本，入不敷出，难以为继，不能实现资金的循环使用，农户也不能从提供小额信贷的机构持续不断地获得资金支持。现在亟待解决的问题是：在现行的体制下，农户小额信贷是否是一种高风险的信贷？能否在商业银行盈利、政府要求扶贫的情况下真正开展农户小额信贷？小额信贷是否可以通过市场化的途径来解决？

6.2.2 农户小额信贷面临的现状

虽然农户小额信贷在短期内取得长足进步，不少农户从小额信贷上得到了好处，但是一些因素制约着小额信贷的发展，仍然有很多农户对小额信贷"望洋兴叹"。与此同时，金融机构也陷入了一种困境：

第一，农户的居住范围比较大，相对于大额贷款来说，每一笔贷款所需要的隐性成本都很高，并且农户的经济条件不一，开办农户小额信贷单笔业务规模小，交易成本比较大。

第二，农户小额信贷是一种无抵押的信用贷款，金融机构出于对资金安全的考虑，如果农户的贷款项目失败，农户不还款，金融机构会遭受本金和利息的损失，并且金融机构与农户之间存在严重的信息不对称，因此导致了农户的逆向选择与道德奉献，银行无法鉴别农户的还款意愿。

第三，现行小额信贷的利率比较低，国家基本上没有贴息，即使按照市场利率的水平，金融机构也要考虑其资本收益率和资产收益率。研究表明不同小额信贷所达到的收益率不同，操作和财务可持续度也不同，见表 6 - 1，从现行的小额信贷机构来看，收益率并不是太高，如果扣除经营成本的可能略微持平，甚至略有亏损，因此导致了金融机构对小额信贷业务不感兴趣。

表 6 - 1   10 个小额信贷机构的受益与成本状况   单位:%

小额信贷机构名称	机构类型	收益率	操作费用
洛南小额信贷	政府	2	6.58
虞城扶贫社	非政府组织	8.94	4.75
安康世行小额信贷	非政府组织	5.87	7.73
青海 WFP/IFAD 小额信贷	项目	1.61	1.03
仪陇乡村发展协会	非政府组织	8.62	6.05
平昌小额信贷	非政府组织	5.01	8
赤峰乡村发展协会	政府	4.00	4.56
滦平信用社小额信贷	农村信用社	7.37	n.a
草海村寨基金	自治机构	n.a	n.a
晴隆中国扶贫基金会小额信贷	非政府组织	4	7.39

注：收益率＝经营收入÷总贷款资产，操作费率＝操作费用÷总贷款资产。

资料来源：吴国宝. 中国小额信贷扶贫研究 [M]. 北京：中国经济出版社，2001.

6.2.3 农户小额信贷配给效率分析

（1）农户小额信贷的微观收益模型。

首先分析参与小额信贷的微观主体，即金融机构和农户的效用，为此我们建立一个小额信贷的收益模型，为了方便分析，假设条件如下。

假设 1：假设农户为市场的借款方，每个农户本身没有创业资金，其项目

需要的资金为 A；金融机构为唯一的资金供给者，资金成本为 a，利率为 r。银行对每一笔贷款的操作成本为 L。

假设 2：农户的项目有两种可能的结果，成功或失败；成功的概率为 p_s，失败的概率为 $1 - p_s$，农户还款的概率为 p_h，不还款的概率为 $1 - p_h$。

假设 3：若农户不能够申请到贷款，则项目无法进行，期望利润为 0；若农户能够申请到贷款，则每个项目成功时的收益为 $R > 0$；失败时农户以自己的自有资金或者由其他联保成员归还银行的贷款，令贷款户的亏损额为 c。

假设 4：金融机构和农户都是风险中性的。

根据上面的假设，可得到银行期望收益 $E_B(p)$ 为：

$$
\begin{aligned}
E_B(p_h) &= A p_h (r - a) - (1 - p_h) A (1 + r) - L \\
&= p_h [A(r - a) + A(1 + r)] - A(1 + r) - L \\
&= p_h A(1 + 2r - a) - A(1 + r) - L
\end{aligned} \tag{6.1}
$$

农户期望收益 $E_F(p)$ 为：

$$
\begin{aligned}
E_F(p_h) &= p_h [p_s R - (1 - p_s) A (1 + r)] + (1 - p_h)(p_s R - c) \\
&= p_h p_s R - p_h A(1 + r) + p_h p_s A(1 + r) + p_s R - c - p_h p_s R + c p_h \\
&= p_h [c - A(1 + r) + p_s A(1 + r)] + p_s R - c \\
&= p_h [c - A(1 + r)(1 - p_s)] + p_s R - c
\end{aligned} \tag{6.2}
$$

对式（6.1）、式（6.2）分别求导，可得：

$$
\frac{\partial E_B}{\partial p_h} = A(1 + 2r - a) > 0 \tag{6.3}
$$

$$
\frac{\partial_F E}{\partial p_h} = c - A(1 + r)(1 - p_s) \tag{6.4}
$$

从式（6.3）和式（6.4）可以看出，银行与农户的预期收益与农户还款概率的一阶导数大于零，所以二者呈正相关关系，即随着农户还款概率的提高，银行与农户的收益也同时提高。由式（6.4）可见，如果 $c > (1 - p_s) A(1 + r)$，即只要农户不还款的违约成本大于其不还款的收益所得时，农户就会选择还款。所以银行在制定农户违约惩罚成本时，必须要考虑农户的违约收益，使其大于违约收益，从而强迫农户最终选择还款。小额信贷通过农户之间的信用联保机制，使得农户的平均还款概率比实施小额信贷之前的还款概率有所提高。

（2）参与农户小额信贷微观主体的经济效益分析。

一个成功的农户小额信贷应该满足三个条件：第一，信贷资金能够到达需要贷款的有生产能力的贫困农户手中；第二，信贷资金的本息能够及时收回并且能够弥补其付出的成本；第三，金融机构的净收益率应该等于商业贷款的净收益率。如果不能满足上述的三个条件，农户小额信贷就无法维持，更谈不上可持续发展。

本书分析的农户小额信贷主要针对那些有生产能力但无资本的农户。假定农户的生产函数 $Q = f(K, L)$，这里生产要素可以被分为两大类，资本 K 和劳动 L。根据调查显示，贫困农户的金融资源是稀缺的，农户的生产函数表明，在既定的技术条件下，产出取决于资本和投入的劳动量，在生产理论中，边际收益递减是最基本的原理。由于技术条件不变，一种生产要素的变动，最终引起的边际产出变化要经历三个阶段：一是递增阶段，二是递减阶段，三是绝对减少或者出现负增长的阶段。从目前农户的调查来看，农户的劳动量和土地资本的存量是一定的，如果增加资本的投入，必然会有很大的产出，其生产函数属于生产函数的第一阶段，因此，小额的初始投入可以带来递增的收益。

作为企业的金融机构，利润最大化一直是其追逐的目标，就银行利润函数来看，有三个重要的变量，即贷款的交易成本、利息率以及贷款的风险程度，如果交易成本用 C 来表示，利息率用 r 表示，风险程度用 F 表示，银行的受益 L 可以表示为：$L = f(C、r、F)$，很明显，L 与 C、F 负相关，与利率 r 正相关。从上面的分析可以看出，农户小额信贷的风险程度要大大低于"垒大户"导致的商业贷款，银行要提高收益，必须从降低成本和增加利率入手来解决其收益低的问题，这里，农户因为地理上的因素，分布比较散，单笔贷款金额比较小，银行想要降低农户小额信贷的操作成本的难度非常大，因此，要保证其利润，必然要提高其利率。

6.2.4 农户小额信贷可持续发展的战略选择

第一，吸引正规金融机构的介入，扩大农户小额信贷的资金来源。虽然现在农户小额信贷发展得如火如荼，现有的参与农户小额信贷的机构一般都是资金量比较小，没有资金来源，农户仍然是得不到必要的金融支持。从中国现行体制出发，能够实施小额信贷的是中国农业银行、农村信用合作社以及少量的商业银行，这些机构享有法律上的权利，可以吸收存款，而另外一些体制外的扶贫小额信贷仍然有一些限制，如不能吸收小额存款等，仍然有一些法规上的冲突，那么要发展小额信贷，应该从根本上解除一些制度上的约束，使小额信贷得到更多机构的支持。

第二，让机构拥有贷款定价权，可以采用高利率的策略。对于小额信贷，应该放松管制，让开办小额信贷的金融机构拥有贷款定价权，通过市场化的利率来实现小额信贷的长期运作。传统的扶贫贷款基于农户不能支付高息的假定，事实上是，国家的低息扶贫贷款因为有优惠的贷款利率，所以有很大"寻租"空间，相当大一部分贷款被挪为他用，虽然采用低息，农户却得不到贷款。适合的高利率可以是一种甄别机制，把一些不属于贫困范围的农户排除在外，可以让其在市场利率的基础上上调利率，这样的利率虽然对于商业利率来说高一些，但是对于无抵押和担保的农户来说，利率相对低。并且，高利率是甄别贫困农户的一种手段，对于可以提供担保和抵押的富裕农户来说，就不会通过"寻租"等手段获得小额信贷，那么最后获得小额信贷的只是一些真正需要扶贫贷款的农户。这样的利率条件虽然对农户来说稍微高了一些，但是比得不到贷款，或者转向地下金融市场来讲，是一种帕累托改进。对于金融机构来说，如果能提高利率，机构可以获得更高的利润，国际一些成功的小额信贷的经验表明，对于农户小额信贷采取高息的政策是可行的。

第三，确定合理的贷款对象。农民对资金的需求是客观存在的，其需求来自于摆脱贫困的一种激励。对于农户的这种资金需求要一分为二来看待，无资源、劳动力也缺乏的人口，可以通过国家直接补贴来解决问题；对于有劳动能力，可以通过农户小额信贷的"造血机制"来维护农民可持续发展的，通过小额信贷的方式来解决，这样农户获得资本是有代价的，并且有相应的惩罚机制，那么就杜绝了农户"等、靠、要"的历史，而交易的长期性有利于约束借款农户的行为。

在国家的"八七扶贫攻坚计划中"中提到，坚持开发式扶贫工作方针，即在国家必要支持下，利用贫困地区的自然资源，进行开发性生产建设，逐步形成贫困地区和贫困户的自我积累和发展能力，主要依靠自身力量解决温饱、脱贫致富。这与小额信贷的目标是一致的。亚洲开发银行的一份报告指出，亚洲的小额信贷正在由非政府组织资助的项目向正规金融机构主导型转变，因此，探索开发具有中国特色的小额信贷，可以把扶贫和小额信贷业务结合起来，形成一种"双赢"的格局。

第7章　经济转型期信贷配给对货币政策传导的影响

7.1　货币政策传导的两个渠道

改革开放初期，我国政府共进行了五次紧缩性和一次扩张性的宏观调控，后三次宏观调控（1993 年下半年～1996 年，1998～2002 年，2003 年下半年～2004 年）主要是基于市场经济机制的宏观调控，这几次宏观调控主要的特点是：基本上都采用市场手段进行，货币政策与财政政策配合，且这几次宏观调控已经取得了举世瞩目的成绩：1996 年成功实现了"软着陆"，2002 年实现了经济的复苏，2004 年下半年也基本控制了经济过热的局面。但从结果上看，我们无法辨析究竟是哪种政策更能推动经济的增长及防止经济过热，因此两种政策的执行效果一直是经济学界关注的焦点，尤其是货币政策的有效性更是见仁见智。一种观点认为货币政策的效果被高估，甚至认为是无效的。黄达（1997）指出货币政策有高估的倾向；谢平（2000）在对美联储调整经济以及日本货币政策的执行效果进行考察以后指出，决定经济增长的是物质的投入以及技术的进步，主要因素并不是货币和货币政策，面对通货紧缩，货币政策并不能像抑制通货膨胀那样有效；吴军（2001）和刘金全（2002）通过实证分析得出了相似的结论。与此同时，也有一些观点认为，货币政策是有效的，范从来（2000）则认为"中国并没有掉入流动性陷阱"，货币政策发挥效力的条件是具备的。分析货币政策是否有效有两个不能回避的问题。一是货币政策传导的渠道是什么？二是货币政策传导的渠道是否通畅？

关于货币政策的传递渠道，理论界存在着两派观点：一派观点是从凯恩斯（J. M. keynes）起源，由希克斯（J. R. Hicks）壮大的货币传导论，认为货币供给的变动影响到利率，到达真实经济变量。而货币传导论的缺陷在于忽略了货币市场的信息不对称对货币政策传导效率的影响。另一派观点是以斯蒂格利茨为代表的信贷传导论，伯克南和布林德从信贷的角度证明了信贷渠道对货币政策的影响。

中国正处于经济转型期，货币政策的传导渠道主要是中央银行通过调整利率、准备金以及公开市场业务对银行信贷资金进行调整，信贷市场是货币政策发挥效力的主要场所。王振山、王志强（2000）证明了信用渠道是我国货币政策传导的主要渠道，王欣（2003）也进行了相似的证明。这些结论与中国转型经济期的现状的拟合度是很高的。

中国货币政策传导的过程中，最主要的参与者是中央银行、商业银行与企业，中央银行是货币政策的制定者，而商业银行和企业是否能够依照中央银行既定的政策目标改变其行为就成了货币政策是否有效的根本。那么本书的分析主要依照这样的逻辑：先主要分析在中央银行执行货币政策时，其传导机制中微观主体的行为及对货币政策传导的影响，然后通过分析整个银行业的宏观数据，验证前面的分析，最后得出简短的结论。

7.2　加入信贷配给的货币政策模型

7.2.1　风险中性的信贷配给货币政策有效性分析

前文分析了风险中性的商业银行的行为，认为单位贷款收益 $E(\pi_B) > r^*$ 时，银行将选择放贷；反之，商业银行会增加自己的低风险资产，减少对企业的放款。此时，我们可以从贷款供求曲线图（图 7 - 1 中的第一象限）中看出这一情形[①]：图中 OEC 部分表示对应于不同利率的均衡信贷量，E 为社会

---

① 这与齐志鲲（2002）等所得出结论是一致的。

借贷均衡点。

范从来（2004）认为，现阶段货币供应量作为货币政策中介目标的局限性并不能否认其作为中间目标的重要性。同时，黎紫丹（2004）通过实证分析也认为，我国目前以货币供应量作为中介目标是合理的。因此，在本书的分析中，我们主要以货币供应量作为货币政策的中间目标，同时还分析货币政策的另一个重要的中间目标——利率在央行各种货币政策工具作用下对最终目标——产出的影响。

在风险中性下，货币政策是有效的。我们结合 IS－LM 模型及信贷供求图（见图 7－1）来分析这一情形：

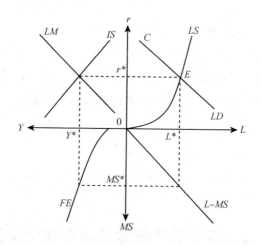

图 7－1　风险中性的信贷配给对于货币政策的影响

第一象限中的图形为信贷供求关系曲线。

第二象限中的图形为 IS－LM 模型。

第三象限中的图形为 FE 曲线（货币政策效果曲线）。

第四象限中的图形代表了货币供应量与商业银行贷款数量之间的线性关系。

中央银行实行扩张或者紧缩的货币政策，在 IS－LM 模型中表现为 LM 曲线的移动，直接影响商业银行的信贷量，FE 曲线的斜率为正，随着货币供应量的增加，产出也随之增加。

图 7-1 还反映了一点：货币政策在紧缩经济时的效果明显，拉动经济增长时的效果不明显。这可以从 FE 线的弯曲形状反映出来。FE 曲线在坐标系中是上凸的，因此货币供应量上升时，产出增加得并不明显；但货币供应量下降时，产出也大幅下降。

7.2.2　风险厌恶型条件下信贷配给模型对于货币政策的影响

当社会信用状况恶化时，由于 P_i^* 增大，$E(\pi_B)$ 下降，从而导致 $E(\pi_B) \leqslant r'$。此时，由于银行风险厌恶，银行将调整其资产结构，即更多地选择 "D-L" 也就是低风险资产，信贷配给现象更加明显。

在图 7-2 的第一象限中，贷款供给曲线向后弯折，并且有一段几乎呈垂直状，其与贷款需求曲线没有交点，反映出此时存在信贷配给现象。

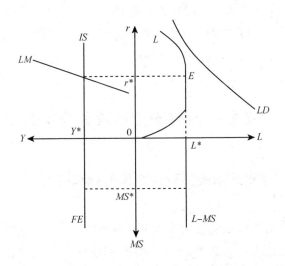

图 7-2　风险厌恶型的信贷配给对货币政策的影响

第四象限中的曲线反映了此时货币供给量与贷款量之间的关系：二者几乎没有什么相关性。中央银行采取变动货币供给量的紧缩性的或扩张性的货币政策时，由于贷款供给曲线的特殊形状，即信贷配给对货币政策传导的阻滞，商业银行的贷款量几乎没有什么变化。增加的货币供给完全转化为商业银行的超额存款准备，因此，这条曲线也可以视为超额存款准备金曲线，它随货币供给量的增加同步上升。

第二象限中，IS 曲线呈垂直状，而 LM 曲线则呈较为明显的水平状。这可以用信贷配给现象来解释。

如果出现风险厌恶型的信贷配给，央行货币政策对商业银行的贷款几乎没什么影响，而银行贷款是投资增长的最重要动力，因此，央行通过变动货币供应量或利率来影响贷款进而影响投资的希望很难实现，所以投资的利率系数 b 很小，也就是说 IS 曲线的斜率绝对值极大。所以，在图 7-2 中，IS 曲线呈现垂直形状。

同理，货币需求对利息率的敏感性也极小，因此，LM 曲线呈现明显的水平状。

众所周知，在 IS-LM 模型中，两条曲线呈现这种特点带来的一个直接影响就是央行的货币政策无效，财政政策有效。

在第三象限中，FE 曲线为货币政策效果曲线，受其他三个象限曲线的影响，它也呈垂直状。这直接说明了我们的结论：信贷配给导致货币政策无效。

7.3 信贷配给对于货币政策传导的影响

7.3.1 利率对现阶段贷款量影响的弱有效性

按照货币政策的初始假设，中央银行是通过利率的变动，试图通过商业银行利润的变动来改变商业银行的贷款量及存贷款比率以达到影响社会总量，进而影响经济总量的目的。实际情况是中央银行的这些政策并没有起到预期的效果。如图 7-3 所示，改革开放初期，中国仍存在着利率管制，从贷款量的变化来看，2000 年 1 月~2004 年 12 月，货币政策的调整经历了从放松到适度紧缩的过程，利率经历了比较大的变动，可以明显看出，利率对商业银行贷款量的变动并没有太大的影响。因此，中央银行试图通过调整利率来调整社会信用总量的目的在各个商业银行的个体行为阻挡下被大大减弱了。

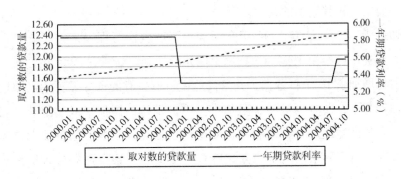

图 7 - 3　贷款利率与贷款量变化

注：为了表示贷款量的变化，在这里对贷款量取自然对数。

从贷款比率来看，商业银行贷款比率的变化只是满足商业银行流动性的要求，并不因贷款价格的变动而变动，如表 7 - 1 所示，中国银行业的存贷款比率逐年下降，从 1994 年的 100.83% 下降到 2003 年的 76.42%，并在后边几年逐步稳定下来，其目的是在 1994 年实行资产负债比例管理以后，实现其资产与负债的平衡，与贷款价格并无直接的关系。换而言之，也就是商业银行的贷款比率已经形成了一种内在的稳定机制，并不因为中央银行的利率政策的变动而改变资金运用中贷款的比率。

表 7 - 1　　　　　　　　　　　　**商业银行存贷比率**

年　　份	1994	1995	1996	1997	1998	1999	2000	2001	2002	2003
存贷款比率（%）	100.83	93.83	89.18	90.93	90.41	86.17	80.26	78.20	76.82	76.42

资料来源：本文所引用数据根据《中国金融年鉴》1994～2003 年的数据计算所得，其中银行业包含国有独资商业银行和十家股份制商业银行的数据。

7.3.2　无风险资产：对于货币政策传导的凝滞

在商业银行的资金运用中，可以采用贷款或者无风险资产的方式，两者在一定程度上可以互相替代。所谓无风险资产，是指商业银行的法定存款准备金、超额准备金以及一些无风险的证券类资产，其中国债资产的变数最大，我们下面来分析其结构的变化。

如表 7 - 2 所示，从 1994 年全面实行资产负债管理以来，商业银行的有价证券类资产已经由 1994 年的 1858 亿元增加到 2003 年的 28170 亿元，有价证券占比增加了 10 个百分点，并且商业银行所持有的证券类资产以国债等中长期债券为主，还有少量的金融债券。中国发行的国债一般期限长，利率比较高，有些已经接近贷款的利率，安全性也很高，基本上是一种无风险的资产，商业银行宁愿采用囤积的方式持有，2002 年，银行现券买入量是卖出量的 2.16 倍；公开市场操作的主要交易工具是国债，而商业银行却不愿意出售，虽然存在着国债的二级市场以及银行间的债券市场，但是现在却出现了有市场无交易的尴尬局面。由此可见，中央银行通过公开市场业务调整货币供应量的努力同样是无效的，商业银行为了规避风险，更多是把证券类资产作为贷款的替代品而持有，当商业银行采用信贷配给的方式而无法贷出资金时，可以以无风险资产的形式保有其资产，从这个层面上讲，无风险资产已经成了货币政策的"缓冲器"和"凝滞剂"。

表 7 - 2 商业银行证券投资类资产情况

项 目	1994 年	1995 年	1996 年	1997 年	1998 年	1999 年	2000 年	2001 年	2002 年	2003 年
有价证券（亿元）	1858	3167	4104	3672	8112	12505	19651	23112	26789	225313
资金运用总计（亿元）	49264	62629	76971	94182	110421	123230	133325	153539	184025	30259
有价证券占比（%）	3.77%	5.06%	5.33%	3.90%	7.35%	10.15%	14.74%	15.05%	14.56%	13.43%

资料来源：本文所引用数据根据《中国金融年鉴》1994～2003 年的数据计算所得，其中银行业包含国有独资商业银行和十家股份制商业银行的数据。

7.3.3 法定准备金：强政策工具变弱

在经济发达国家，法定准备金是一种强有力货币政策工具，但一个重要的前提是存在着发达的资本市场和信贷市场，货币乘数相对较大。但是在信

贷配给机制存在且信贷市场不发达的情况下，法定准备金工具变弱，如表7-3
所示，1984 年，中国人民银行按存款种类规定了法定存款准备金率，企业存
款为 20%，农村存款为 25%，储蓄存款为 40%。之后的十年间，中央银行一
共对准备金进行了 7 次调整，其中两次调整幅度较大，即 1985 年把法定准备
金统一调整到 10%，1999 年把准备金从 13% 调整到 8%[①]，但是调整的效果
并不是太明显，从 1998~2004 年的四次调整，商业银行的可用资金的调整范
围都不超过 5000 亿元，而最近一次的调整只是动用了商业银行可用资金的
1100 亿元，相对于商业银行目前超过 20 万亿元存款余额，商业银行持有的 3
万多亿元流动性较高的国债、金融债券和中央银行票据等资产，并没有从根
本上影响商业银行的可用资金量。

表 7-3　　　　　　　商业银行历年调整对商业银行可用资金的影响

时　　间	调　　整	对商业银行可用资金的影响
1985 年	统一调整为 10%	—
1987 年	上调整为 12%	—
1988 年 9 月	上调整为 13%	—
1998 年 3 月	13% 下调到 8%	增加可用资金 4800 亿元
1999 年 11 月	8% 下调到 6%	增加可用资金 2460 亿元
2003 年 9 月	6% 上调至 7%	减少可用资金 2000 亿元
2004 年 4 月	7% 上调至 7.5%	减少可用资金 1100 亿元

资料来源：根据中国人民银行年报及中国人民银行各期季报整理估算。

7.4　小　　结

（1）如果在一个信息不对称非常严重的信贷市场中，商业银行又是处于

---

① 中国的准备金制度比较特殊，除了法定准备金以外还有备付金，备付金账户也要保持足额，
从一定意义上讲，备付金也可以看作一种形式的准备金，1999 年取消了备付金，法定准备金下降，因
此是一次大幅度的调整。

极其风险厌恶的情形下，商业银行根据自己的利润函数调整自己的经营行为，并形成一种均衡信贷配给的机制，并且这样的机制难以被打破，即使中央银行通过调整利率，公开市场业务以及法定准备金都难以影响市场信贷总量，最明显的变化只能是商业银行无风险资产结构的变化。

（2）从长期来看，要改善货币政策传导的效率，紧紧依靠一些货币政策工具改变商业银行的行为是远远不够的，最重要的是要完善信贷渠道以外的传导，即完善货币市场的传导才能使货币政策真正有效。

（3）商业银行对于风险的极端厌恶来自于中国目前信贷市场上的信息严重不对称以及不完善的社会信用体系，微观经济主体的行为得不到有力的约束，这在很大程度上抵消了货币政策传导的效果，从这个角度上看，健全完善的信用体系，减少信息不对称带来的负面因素是当务之急。

第8章 信贷包容性增长与信贷供给结构性调整

8.1 信贷包容性增长的内涵

信贷包容性（inclusive）增长是增强社会公平性和发展普惠性的重要手段，供给侧结构性改革最终会实现包容性增长。中国政府始终提倡经济包容性增长，李克强总理在2017年夏季达沃斯论坛致辞中提出：推动包容性增长能够实现比较平衡的发展，反之就会导致部分劳动力和资源闲置，市场潜力难以充分发挥，社会和区域的分化就会凸显，经济增长也难以持续。实际上，实现包容性增长，就是增强社会公平性和发展普惠性；实现包容性增长，就是实现可持续增长。资金作为重要的生产要素，在经济发展中起到不可替代的作用。信贷作为资金供给的重要手段，如果能够合理配置，就能有力推动经济实现包容性增长。

信贷包容性增长至少包括以下几方面的含义：

（1）信贷包容性增长具有动员其他生产要素的能力，可以有效动员劳动力和其他闲置资源，发挥市场潜力，缓解社会和区域分化，增强社会公平性和发展普惠性，支持实体经济均衡发展。

（2）信贷包容性增长具有可持续发展的特点，银行业金融机构①必须具

---

① 本书中提到的银行业金融机构特指商业银行、政策性银行、金融租赁公司、汽车金融公司、消费金融公司等具有融资性质的金融机构。

备严密的内部控制和风险防范体系，可以接受市场监督及审慎监管，通过信贷包容性增长获得稳定收益，保持可持续发展。

（3）信贷包容性增长具有普惠性的特点，个人、家庭和企业以及不同区域可以比较公平地、以合理的价格获得经济发展所需要的信贷资源，并且通过竞争市场有多样化的选择。

信贷包容性增长强调契约关系的增长。信贷作为现代经济生活中的重要方式，是典型的契约关系，还本付息是其存在的基础。与传统信贷增长相比，信贷包容性增长更重视受众群体和范围的广泛性。更多受众群体在获得信贷资金以后，结合已有资源，优化生产模式，形成良好的"造血机制"，最后偿还贷款，完成资金借贷的闭环。以金融精准扶贫为例，如果贫困人口和贫困地区仅仅因为资金匮乏而形成贫困，通过注入信贷资金，就有可能形成良性循环模式，这样的信贷支持属于信贷包容性增长的范畴。

要实现信贷包容性增长，一方面降低商业银行与资金使用者之间存在的信息不对称，减少信贷市场上的逆向选择和道德风险，另一方面要考虑到我国经济转型时期的制度因素和外部环境，尤其是金融制度和经济发展环境对于信贷市场的影响。根据上文的分析，本章着重提出减少信息不对称及提升信贷配给效率的三个建议：一是推行国家金融教育战略和提升居民金融素养，二是强化征信体系建设，三是坚持政府引导的市场化建设。

8.2 推行国家金融教育战略与居民金融素养提升

8.2.1 制定国家战略，建立权威的金融教育体系

加大对经济薄弱环节的教育培训力度。政府要不断加强金融消费者教育的规划与投入，形成一个有序可持续的金融消费者教育系统，提升对经济社会发展薄弱环节的教育投入，这个对于发展包容性产业以及推进包容性创新是必不可少的。通过加大教育培训使经济发展薄弱环节获得必要的金融信息，并形成良好的信用习惯。大力推进金融基础设施建设。进一步建立健全现代

化的清算结算体系，加强小微企业、"三农"和其他经济薄弱环节的信用体系建设，强化信息共享与信息平台的互通互联，为经济薄弱环节创造良好的信用环境。

随着居民参与金融活动的日益提升，金融素质教育在经济社会发展中的作用日益重要，制定最高层次的金融教育国家战略，界定各相关政府部门的角色和职责，建立权威的全民参与金融教育体系，有助于系统地提升居民的金融素养。一是通过推广国家层面的金融教育战略，有助于居民认识到金融素养的重要性，居民通过接受系统的金融教育，可以理解个人的金融需求及满足这些需求的主要金融手段，金融市场的主要产品和服务及固有风险，获取有用的金融产品和服务信息的手段，在参与金融活动时如何正确保护好自己的合法权益。二是通过金融教育的国家战略可以强化部门间的合作，有效调动财政部门、金融监管部门、教育部门、非政府组织以及经营机构的积极性，确保政府部门、非政府部门和金融机构执行方案的一致性和质量，推动金融教育的协调发展。

8.2.2　分步推进，逐步实施金融教育计划

居民金融素养的提升不能一蹴而就，需要制定一个长期的发展战略。首先要通过调查了解我国居民整体接受金融教育的程度及对金融知识了解的水平，建立金融素质教育的监测和评估系统。然后要借鉴国际经验并根据我国居民的金融素养，按照先易后难的策略制定相应的行动路线图。短期目标是要提升监管要求，要求金融机构提供标准化的产品，促进居民对金融市场和金融产品的理解，掌握金融市场工具实际使用的基本技能，增强居民对金融机构的信心。长期目标是要形成金融消费文化，使居民更好地了解国家各项金融政策，能够评估国内经济状况和货币当局的行为，有助于平稳居民的金融消费和投资行为。

8.2.3 突出重点，建立全方位的金融教育体系

金融教育的重点对象是学生和中低收入群体，也要关注到各个阶层的群体。在教育方式上要突出正式教育和非正式教育并重的方式。要把金融教育纳入教育部门的推广计划中，义务教育和学历教育中增加金融知识相关课程，培育师资力量，让学生在进入社会之前已能够掌握基本的金融知识。充分利用现代信息技术，借助数字化、网络化和智能化推动金融教育发展。当前数字化、网络化和智能化拓展了推行金融教育战略的手段，全球普惠金融合作伙伴（GPFI）柏林论坛中提出了发展数字金融高级准则，其中原则 5 为建立负责任的数字金融实践，保护消费者，原则 6 为加强数字化金融素养和意识的培养，表明全球基本达成一致：数字化、网络化和智能化可以有效推动金融教育发展。因此，有效利用新科技、新理念，并结合传统媒体，采用通俗易懂易用的方式，让居民更多地了解金融产品和服务，了解金融机构的差异以及金融消费者权益保护方面的信息。

8.2.4 强化立法程序，加强金融消费者权益保护

在消费者权益保护方面，要加强金融消费者教育，让金融消费者了解自身的权益。防止金融机构在推介产品和提供服务时，形式上合规而事实上金融消费者并不了解他们的权利和责任。防止金融消费者受到误导而没有充分了解金融风险。同时，加强金融消费者保护的立法工作，立法更坚持"穿透"原则，按照交易的实质厘清金融机构和金融消费者的权利。

8.3 加强征信体系建设，解决信息不对称问题

信贷增长包容性不强主要表现在：从资金需求方来看，部分群体的信贷需求得不到满足。如贫困人口、创业者、小微企业和不发达地区融资难

融资贵的问题依然存在。从资金供给方来看，银行业金融机构放贷"门槛"提高，抵押品标准不断提升，达到放贷标准的范围显著缩小。其主要由于商业银行和资金需求方之间存在信息不对称导致交易成本上升。商业银行无法了解和准确判断资金需求方的经营和发展的信息，存在着较为严重的信息不对称，出于利润最大化和风险控制的考虑，商业银行只愿意贷款给经营良好、未来的收益可以覆盖贷款利息、具有偿还能力并有意愿偿还的借款人。为了达到这样的目的，商业银行必须要甄别企业的状态，包括资产负债状况、业务发展情况、流动性情况及偿债情况等。如果市场上不存在第三方机构，仅依靠商业银行自身的力量，交易成本相对较大，并且效果不是特别理想。

征信是依法收集、整理、保存、加工自然人、法人及其他组织的信用信息，并对外提供信用报告、信用评估、信用信息咨询等服务，帮助客户判断、控制信用风险，进行信用管理的活动。征信的出现较好地改善了交易中的信息不对称的行为，有效地降低了交易费用。一是减少了交易行为的信息不对称。第三方机构依法采集企业的信息，提供了较为公开透明的市场环境，通过征信活动，信息需求者的劣势得到了很大程度上的改善。二是降低了交易成本。获取信用信息是需要交易成本的，在征信制度安排中，征信机构依法获得信用信息时集中付出了人力物力，征信机构在采集信息时对信息提供者和使用者进行监督付出了监督成本。但是假如各家商业银行分别去获取自然人和法人的信用信息，付出的交易成本是非常巨大的。

8.3.1　我国征信业发展的历史与现状

征信体系是重要的金融基础设施，是获得便利金融服务的必要条件。我国金融领域内的征信体系建设是随着金融体制改革的深化、金融市场的逐步完善而产生和发展的。改革开放以后，我国征信业的发展可以分为三个时期。

第一个时期是起步期（1987～1995 年）。随着市场经济的逐步完善和信用交易的发展，为防范风险和扩大交易规模。成立了第三方机构，收集交易过程中的各种信用信息。此时期，标志性的事件是，1987 年，商务部（原外经贸部）设立信用管理处；1990 年，人民银行出台了《关于设立信誉评级委员会有关问题的通知》；1992 年，北京新华信商风险管理有限公司成立，中国征信业正式进入市场化阶段。

第二个时期是（1996~2003 年）。1994 年以后，随着四大国有银行向商业银行转型，实行市场化运作，业务相互交叉，同时一些股份制银行陆续成立，加剧了金融市场的竞争。在 2002 年，中央第二次全国金融会议以后，国家开始国有独资商业银行进行股份制改造，随着国有商业银行改革进入一个新的阶段，中国也开始探索具有中国特色的征信业的发展，在金融体制改革过程中，征信对于防范风险、降低融资成本、维护金融稳定和改善金融生态环境的作用至关重要已经成为共识。1996 年 4 月，中国人民银行为了对信贷领域实施宏观调控，在全国范围开始推行企业贷款证制度。1997 年，上海开展企业信贷资信评级。1999 年，经中国人民银行批准上海市进行个人征信试点，上海资信有限公司成立，开始从事个人征信与企业征信服务。1999 年，银行信贷登记咨询系统上线运行。2002 年，银行信贷登记咨询系统建成地、省、总行三级数据库，实现全国联网查询。

第三个时期是 2003 年至今。2003 年，国务院赋予中国人民银行"管理信贷征信业，推动建立社会信用体系"职责，批准设立征信管理局。同年，上海、北京、广东等地率先启动区域社会征信业发展试点，一批地方性征信机构设立并得到迅速发展，部分信用评级机构开始开拓银行间债券市场信用评级等新的信用服务领域，国际知名信用评级机构先后进入中国市场。2004 年，中国人民银行建成全国集中统一的个人信用信息基础数据库，2005 年，银行信贷登记咨询系统升级为全国集中统一的企业信用信息基础数据库。2008 年，国务院将中国人民银行征信管理职责调整为"管理征信业"，并牵头社会信用体系建设部际联席会议，2011 年，牵头单位中增加了国家发展和改革委员会。2013 年 3 月，《征信业管理条例》正式实施，明确中国人民银行为征信业监督管理部门，征信业步入了有法可依的轨道。

8.3.2　征信业发展对信贷包容性增长起到了较好的推动作用[①]

近年来，中国征信业发生了巨大的变化。征信法规制度建设取得重大进展，金融信用信息基础数据库建成并稳定运行，征信市场初步形成。信用评级、信用调查等征信机构迅速发展，征信管理逐步加强和规范，征信宣传教育体系的长效机制初步建立，信用意识深入人心。征信业的迅速发展对推动信贷包容性增长的作用是显而易见的。

一是征信法规制度建设取得重要进展，《征信业管理条例》正式发布实施，对征信机构的设立条件和程序、征信业务的基本规则、征信信息主体的权益，金融信用信息基础数据库的法律地位及运营规则、征信业的监管体制和法律责任等内容进行了规定，解决了征信业发展中无法可依的问题。

二是金融信用信息基础数据库建成并日趋完善。金融信用信息基础数据库已基本涵盖金融市场所有授信机构类型。截至 2012 年年底，企业信用信息基础数据库累计接入机构 622 家，个人信用信息基础数据库累计接入机构 629家。基本上为国内每一个有信用活动的企业和个人建立了信用档案。截至2012 年年底，企业信用信息基础数据库为 1859.6 万户企业和其他组织建立了信用档案。个人信用信息基础数据库为 8.2 亿自然人建立了信用档案。截至2012 年年底，企业信用信息基础数据库开通查询用户 13.3 万户，全年查询次数 9733.1 万次，日均查询次数 26.6 万次；个人信用信息基础数据库开通查询用户 15.4 万个，全年查询次数 2.7 亿次，日均查询 74.9 万次。

三是中小企业信用体系建设稳步推进。2010 年，中国人民银行印发了《中小企业信用体系试验区建设指导意见》，中国人民银行协调相关部门，通过建设中小企业信用体系试验区、建立中小企业信用档案、搭建中小企业信用信息共享平台、开展中小企业信用评价等方式推进中小企业信用体系建设。截至 2012 年 12 月底，全国累计补充完善中小企业信息 235.3 万户。中小企业

[①]　本部分主要摘编自：中国人民银行《中国征信业发展报告》编写组：中国征信业发展报告（2003~2013），2013 年 12 月，http://www.gov.cn/gzdt/att/att/site1/20131212/1c6f6506c5d514139c2f01.pdf

信用体系建设在解决中小企业贷款难、提高社会信用意识等方面发挥了重要作用。

四是农村信用体系建设探索发展。2009 年，中国人民银行发布《中国人民银行关于推进农村信用体系建设工作的指导意见》，我国农村信用体系建设走上了规范发展的道路。人民银行协调相关部门，通过建设农村信用体系试验区、建立农户电子信用档案、开展农户信用评价、开展"信用户、信用村、信用乡（镇）"创建活动等形式推进农村信用体系建设。截至 2012 年年底，全国共为 1.48 亿农户建立了信用档案，并对其中 9784 万农户进行了信用评定。

8.3.3　我国征信体系的主要问题和挑战

（1）信用信息采集面比较窄，征信产品较为单一。人民银行的征信信用数据库主要记录的是客户在金融机构的交易信息、客户在金融机构的借贷信息、征信中心从公共部门采集的企业信息、应收账款质押登记和融资租赁登记系统等。这些信息可以较为有效地了解个人和企业客户的信用情况。但是对于较为复杂的社会经济行为来说，这些信息仍然是比较单薄的，信用信息不仅要以上的这些信息，也要包含行政处罚、刑事犯罪等方面的信息，如果信用指标体系采集面比较窄可能会影响对信用主体的全面评估。丰富的征信产品有利于中小企业提供更加多样化的融资渠道和手段，然而我国征信业起步较晚，虽然征信业的发展速度较快，但是在商品市场和劳动力市场上，征信的覆盖面仍然较小，改革开放以后，中小企业的迅速发展的融资需求要求征信业能够提供更为完善和覆盖面更广的信用产品。但是目前的征信产品大部分仍然集中在金融业，远远满足不了市场发展的需求①。

（2）信用信息保存较为分散，标准尚不统一。近年来，各个行业、部门和地方都有意识地推动各自的信用体系的发展，也取得了较好的成绩。但是各行业、部门和地方建设的征信系统相互封闭，限制了信用信息的共享。当

---

① 刘洋. 征信制度史及启示研究［D］. 南昌：江西师范大学，2013.

前信息共享的问题在于：一是各信用系统采集主体采用的标准不统一，同样的信息在不同的系统内产生不同的反映，现在尚未有全国统一的信息采集和分类管理标准，统一的指标目录和建设规范。二是信息各地区、相关行业信用体系建设的层次和信息记录主体的责任不统一，造成了有多重的信用建设规章制度，部分信息集中在相关部委，部分信息集中在省级，也有一些信息是由省级以下的地区开发的。比如中国人民银行征信中心的"融资租赁登记系统"与商务部下设的"全国企业全国融资租赁公司信息管理系统"在具体内容方面存在这较大的交叉。三是网络建设不统一，报送渠道不一，有些报送是通过局域网专线有的通过互联网邮箱，有的纯粹是单机运行，手工填表报送①。

　　（3）信用侵权异议处置难度较大。随着人们信用意识的日益增强，信用报告的使用范围越来越广泛，在信用信息采集时出现的一些问题也逐步暴露出来，一些个人和机构"被贷款"的现象有所显现，信用侵权异议处置难度逐步增大。据晋陕豫黄河金三角区域运城、临汾、三门峡、渭南4市中国人民银行联合调查显示，目前因地方金融机构金融消费者权益保护意识较弱、核查责任不明确等原因造成公众"被贷款"征信异议处置难②。主要原因在于：一些金融机构的金融消费者权益保护的意识比较薄弱，在信用信息提交时审核不严，在处理信用侵权问题时存在被动推诿现象，在征信异议处置核查中操作不规范，导致异议处理不及时，经常存在超期或者延期处理的现象。此外，现行制度中有关金融机构核查信用信息的责任不明确，处置效果较差，现行的个人征信异议处理业务规程并未明确异议核查的责任义务，核查程序和回复标准，如果"被贷款"形式要件齐全，实际操作中认定的难度更大。

　　（4）信用评级难以推动。信用评级有助于从外部识别中小企业信用状况，但在推动过程中存在以下困难。一是评级机构在对中小企业进行分析时，缺少对中小企业发展能力的分析。现行的评级体系及单位的企业可持续发展能

① 蒋耀初. 征信促进中小企业融资的机理 [J]. 中国金融，2013（15）：81-83.
② 尚飞鹏. 地方金融机构"被贷款"征信异议处置问题分析——以晋陕豫黄河金三角区域4市为例 [J]. 河北金融，2016（08）：26-27.

力及发展前景设计较少。在对中小企业进行评级时，不仅要对企业当前的偿债能力、盈利情况及营运情况进行分析，也要根据宏观经济形势的发展对中小企业的未来的发展前景进行分析，这样才能比较全面地掌握企业的情况，从而使评级更全面的地反映企业的信用情况。二是社会的认知程度不高，在对中小企业评级时，由于中小企业财务体系的完善程度较低，导致评级质量不高，并且由于部分评级机构为了竞争和争夺客户存在牺牲评级质量的行为，因此社会的公信力较差。此外，现在商业银行都有自己独特的评级系统，对外部评级认可度较低。三是在信用市场上，各种评级标准不统一，评级结果不共享，造成企业多头评级，企业负担有所增加。

（5）部分企业的信用意识不强。改革开放以后，市场主体快速增加是必然的，在市场准入以后，有些市场主体的信用意识强一些，有些市场主体的信用意识弱一些。很多中小企业规模小，自身存在缺乏必要的财务制度和财务人员，财务管理比较差，不愿意编制财务报表。2014 年，为了促进企业诚信自律，规范企业信息公示，强化企业信用约束，维护交易安全，国务院发布了《企业信息公示暂行条例》，但是从执行的情况来看，仍然存在一些企业特别是小企业，年报信息公司随意性较大，内容真实性准确性不高，主动真实地共识信息并接受社会监督的自律性不强，对及时信息的共识重视程度低。"按时报送公示年度报告即履行了法定义务"仍然是企业的主导思维。贵州省贵阳市工商局国家高新技术开发区分局对 2015 年度企业公示信息抽查结果为例，抽查的 200 户企业中，所有公示信息与实地核查完全相符的仅有 8 户，占核查户数的 4%①。

8.3.4　推动征信体系建设的政策建议

结合上面的分析，推动信用市场的快速发展，可以有效地筛选出交易者，减少借款者的机会主义行为和道德风险，降低违约率；同时也能提高商业效率，通过网络技术和计算机技术可以快速检索到信用数据库借款者的信息，

---

① 李岚. 对以信息公示促进企业自律的思考［N］. 中国工商报，2017 – 07 – 06（007）.

大大缩短商业银行贷款审查时间；此外，信用市场的发展激励守信者，打造了一个诚实守信的环境，可以保障市场经济得到稳定规范的发展。为了进一步减少信贷市场的信息不对称，减少交易成本，降低道德风险。必须要扩大信用信息的采集面，完善配套措施，实现信息共享，提高征信异议处理业务效率，推动信息评级发展，创新评级模式，也要强化信用意识，加强信息披露。

（1）扩大信用信息的采集面。《国务院关于印发社会信用体系建设规划纲要（2014—2020年）的通知》中指出：完善金融信用信息基础数据库；继续推进金融信用信息基础数据库建设，提升数据质量，完善系统功能，加强系统安全运行管理，进一步扩大信用报告的覆盖范围，提升系统对外服务水平。大力培育征信市场，丰富征信产品，在征信系统中应该扩大范围，有序引入更多的数据，丰富信用报告的内容，满足不同客户群的差异化需求，向金融机构提供借款人信用特征数据，为金融机构开发风险管理模型及压力测试提供支持；并采纳更多企业经营信息；推动金融业统一征信平台建设，将银行业、证券业、保险业信息纳入统一的金融业征信平台。

（2）完善配套措施，实现信息共享。要推动信贷包容性增长，仅依靠征信系统是远远不够的，在保护隐私、责任明确、数据及时准确的原则下，各信用信息系统的互通互联和信用信息的交换共享。建立信用信息交换共享机制，统筹利用现有信用信息系统基础设施，依法推进各信用信息系统的互联互通和信用信息的交换共享，逐步形成覆盖全部信用主体、所有信用信息类别、全国所有区域的信用信息网络。我国的征信业仍然处于起步阶段，如形成规范化的数据采集机制，推动各部门的信息共享，可以使金融机构更好地掌握企业在工商、税务、司法、海关、质检、食品卫生等关键部门的信用情况，更好地了解借款者的经营状况，更好地为借款者提供贷款服务。

（3）提高征信异议处理业务效率。要提高征信异议处理业务水平，提高业务处理效率。一是要提高认识，树立为金融消费者服务的理念。征信异议大多为数据提供方的责任，金融机构要本着就真务实的原则和为客户服务的理念，积极快速解决异议问题。二是要结合当前工作中的难点，尽快出台征信异议处理的相关制度及实施细则，强化人民银行监督管理手段，明确金融机构对异议核查的责任义务、核查程序和回复标准，提高金融机构征信异议处置的效率，切实维护信息主体的合法权益。三是要与有关部门协作，解决征信异议核查认定难题。建议金融机构要加强与公安、法院等司法部门的合作，遇到无法鉴定的事实，要及时报案，请求司法部门配合，有效解决征信异议案件。四是要完善征信异议处理的业务流程。通过互联网平台建立征信异议处理实时监控功能，实时掌握和管理金融机构异议处理最新动态，提高信息主体的满意度。简化流程，尽量减少异议处理报送、加载的实现，以期最快速度修改、回复异议信息，加强指导，鼓励鼓励金融机构快速手里消费者异议申请，减少中间环节，加快异议处理速度。

（4）推动信用评级。除了征信体系以外，要构建科学合理的信用评级体系，客观地反映企业的信用情况，要基于中小企业可靠的真实的财务数据，建立科学的评价体系，在实践中可以不断地调整和完善。根据接受评级企业的实际情况和掌握的信息，适度对评价模型进行调整或者补充，使评级更能反映企业的信用情况。一是要制定统一的评级指标体系，开展中小企业的信用评级专项工作，实现各金融机构对评级结果的一致认可，加强评级结果的转化运用。避免企业多头评级，结果不一，造成外部评级的公信力不强。二是要关注到行业的特殊性。对企业进行信用评级应建立在行业分析的基础上，在分析时应结合定性分析和定量分析。从目前的企业信用评级来看，商业银行更侧重于对企业财务数据的分析，对企业所处行业重视不够，在构建信用评级模型时，考虑到行业的差异性，根据行业的差别调整侧重点，以使评级结果更具合理性。三是加强对信用评级机构的监管，做好对已评级机构的风险跟踪、违约率统计和考核工作，推动评级机构不断提高评级技术和评级水平。

（5）强化信用意识，加强信息披露。强化信用意识是一项系统工程，需要社会各界的大力支持。一是要营造诚信社会文化氛围，要由政府牵头，社会各界积极参与，广泛地开展社会化的诚信宣传活动，动员全社会积极参与社会信用体系建设。不断增强社会主体的诚信意识，在全社会塑造诚实守信的信用文化。二是加强教育，要按照国家诚信规划的既定战略推广诚信教育活动，将信用知识纳入国家队公益性教育中，尤其是要加大对中小企业、"三农"和社会薄弱环节的信用教育。加强对学校诚信教育体系建设,把诚信教育纳入到学校教学的内容,引导学生从小树立诚信的良好品质,积极组织学生参加社会诚信的实践活动,促进学生诚信素质的养成。三是要积极推进企业诚信文化建设,推动企业树立"诚信第一"的理念,把"诚信"作为企业经营的基本原则。引导企业增强社会责任感,在生产经营、财务管理和用工管理等各个环节中强化信用自律,改善诚信环境。鼓励企业加强财务与信用管理,防范信用风险,提高企业的综合竞争力,强化企业在发债、借款、担保等信用交易及生产经营活动中诚信履约。鼓励中小企业能积极地向社会披露信息。四是加强政府的引导作用。要增强对企业监督检查的力度,加大对社会的企业信用信息披露力度。增加企业监督检查的透明度。宣传诚信守法的企业典型,公示重合同、守信用等一些具有良好信用的企业,也要制定严格的惩罚措施,公示企业行政处罚的结果信息,使不守信的企业曝光于公开环境,减少和降低交易风险。

8.4　坚持政府引导的市场化运作

8.4.1　信贷包容性增长已在中国得到了较好的发展

在政策支持上,国务院 2015 年下发了《国务院关于印发推进普惠金融发展规划(2016 – 2020 年)的通知》,其中提到不断提高金融服务的覆盖率、可得性和满意度,使最广大人民群众公平分享金融改革发展的成果。"一行三会"先后出台了《关于进一步做好中小企业金融服务工作的若干意见》《关于进一步加强信贷管理,扎实做好中小企业金融服务工作的通知》《中国人民银行关于加快小微企业和农村信用体系建设的意见》等文件。中国人民银行每年出台信贷指导意见,加大对小微企业、"三农"和"棚改"等国民经济重点领域和薄弱环节的支持力度。在货币政策工具上,支农再贷款、支小再贷款等政策工具的有效运用,也引导银行业金融机构信贷增长的包容性进一步增强。2016 年年末,全国支农、支小再贷款余额分别为 2089 亿元、537 亿元，再贴现余额 1165 亿元；全国扶贫再贷款余额为 1127 亿元。

在机构设置上，国家对现有机构进行调整，保证了组织架构对信贷包容性增长的支持。2008 年，中国农业银行启动了"三农"金融事业部改革试点，2015 年 4 月，国务院正式批准中国农业银行将"三农"金融事业部改革试点覆盖到所有县域支行，2016 年 9 月，中国邮政储蓄银行设立了"三农"金融事业部。在 2017 年的政府工作报告中也提到鼓励大中型商业银行设立普惠金融事业部，国有大型银行要率先做到。

在技术支持上，我国已经建立了较为完善的普惠金融指标体系。余文建（2017）梳理了中国的普惠金融指标体系的发展情况。2016 年 12 月，中国人民银行正式下发《中国普惠金融指标体系填报制度（试行）》及《中国普惠金融指标体系》。《中国普惠金融指标体系》共涵盖金融服务的可得性、使用情况和质量 3 个维度，包含 20 类 51 项指标，其中使用情况维度包含 11 类共28 项指标，可得性维度包含 4 类共 9 项指标，质量维度包含 5 类共 14 项指标[①]。

8.4.2　调整信贷结构，聚焦经济社会发展薄弱环节

银行业金融机构的经营环境已经发生了变化。一是经济环境发生变化。在深化供给侧结构性改革的大背景下，随着政府"三去一降一补"各项措施的逐步实施，经济结构逐步优化，经济发展的新动能不断聚集，经济发展的新业态正在逐步形成。二是客户群体发生变化。从信贷需求量上看，由于直接融资市场的发展，大企业融资渠道变宽，企业杠杆率下降导致有效信贷需求减少，部分银行业金融机构已经感觉到"资产荒"，从利差的角度来看，优质客户议价能力较强，银行综合收益率下降，利差变窄。

银行业金融机构要改变思维模式和经营理念，实施蓝海战略。粗放式发展的时代已经过去，重点客户群随着时代的发展也会变化。银行业金融机构要调整信贷结构，聚焦社会发展薄弱环节，如"三农"、小微企业以及经济社

---

① 余文健. 普惠金融指标体系构建 [J]. 2017 (3)：90 - 91.

会发展的其他薄弱环节，通过转变经营模式，创新经营服务，逐步改变组织架构、人员配备和业务流程，满足信贷的有效需求，实现信贷包容性增长。

8.4.3 借鉴成功经验，创新交易模式

信贷包容性增长必须要借鉴和创新。一是借鉴国际经验。他山之石，可以攻玉。国际社会同样重视信贷包容性增长，许多国家在推动信贷包容性增长以及支持经济社会发展薄弱环节上都进行了有益的探索。比如巴西、墨西哥、韩国等国家在金融政策、小微金融、代理银行模式、金融消费者保护和教育等方面积极推动包容性金融发展，有效提升了这些国家信贷包容性增长的水平。我国可以借鉴国际经验，发挥后发优势，更好地支持经济社会薄弱环节的发展。二是借助"互联网＋"来推动信贷包容性增长。一些大型商业银行已经意识到互联网在信贷包容性增长上的作用，在借助网络力量实现信贷包容性增长进行了积极探索，寻求与互联网企业达成战略合作，寻求优势互补[1]。与互联网企业的合作只是"互联网＋"的一部分，银行业金融机构要进一步借助互联网的力量，借助大数据和云计算，解决与资金需求方尤其是与经济社会薄弱环节之间的信息不对称问题，寻求新的利益契合点和平衡点，实现包容性增长。

在信贷的包容性增长中，要加强政府引导的力量。发挥政府"有形的手"的作用，减少"市场失灵"的影响。一是加强政府引导。在政策上要加强指导，鼓励引导银行业金融机构加大对经济社会发展薄弱环节的信贷投放，完善支持包容性增长的间接融资体系。充分利用政策性金融银行和国有大型商业银行的引导地位，对信贷包容性增长给予一定的政策优惠和经济激励，完善考核评价体系。二是坚持市场化运作的原则。支持社区类金融机构的发展，适当放宽市场准入，支持民营金融的发展，引导中小金融机构利用贴近客户

---

① 一些商业银行已经开始寻求与互联网企业的合作。2017 年，中国银行与腾讯公司合作成立"中国银行—腾讯金融科技联合实验室"，中国农业银行与百度公司形成战略合作关系，并建立"金融科技联合实验室"，中国建设银行与阿里巴巴集团、蚂蚁金服集团签署战略合作协议，中国工商银行与京东集团达成战略合作关系。

和贴近市场的地缘优势和专业化优势，减少信息不对称带来的风险，发展专业化的金融服务，提升信贷增长的包容性水平。

8.4.4 完善包容性审慎监管

完善金融包容性审慎监管。李均锋、邱艳芳、张弘（2017）整理了有效银行监管核心原则在普惠金融领域的应用指引，梳理回顾了 29 条核心原则中 19 条原则，详细阐述了如何运用监管匹配性原则，对从事薄弱领域金融服务的机构及其业务活动实施监管，也涉及消费者保护、反洗钱、金融反恐等内容。要按照审慎监管的原则加强对信贷增长的监管，同时也要考虑到金融监管的有效性，进一步完善对于经济发展薄弱环节信贷需求的考核体系，比如在可以覆盖损失并且保障金融机构安全的情况下，考虑实施信贷包容性增长的独立考核体系。

第9章　结束语

本书主要对信贷配给理论的历史沿革以及逻辑演进进行了总结和评述，并且在此基础上加入新的制度变量构建转型经济国家的信贷配给模型，并且对我国目前的一些经济问题从微观和宏观上进行分析，并提出了相应的政策建议。

9.1　主要创新点

创新点之一，对于传统信贷配给理论进一步推进。运用西方经济学、发展经济学、制度经济学的基础理论，在对霍奇曼以来信贷配给理论进行梳理的基础上，概括出市场经济条件下信贷配给理论的基本模式，在分析了从瓦尔拉斯一般均衡到非均衡信贷市场的基础上，在现存理论的基础上，不断地放松假设和加入新的制度条件，将信贷配给理论的基础向前大大地推进了一步。

创新点之二，使用信贷配给理论，运用一般均衡理论的工具分析了中国经济转型期信贷配给的状况。分析认为中国经济转型期形成了价格的双重信贷配给的机制，第一种信贷配给来自于市场机制的约束，而另外一种信贷配给来自于转轨经济国家的利率管制。这种利率管制从根本上揭示了经济转型期的金融体系虽然解决了对于国有经济的支持，却在另外一个层面上扩大了资金的缺口。

创新点之三，把非价格因素纳入信贷配给框架。经济转型期商业银行不完善的公司治理结构和非竞争的外部环境造成了信贷资金使用效率低下；抵押品的引入并不能完全地消除信贷配给。

创新点之四，运用转型期信贷配给的模型对于目前经济中存在的几个相关问题进行研究。包括中小企业的融资困境与小额信贷的发展，并提出了相应的规范性意见。

创新点之五，分析了信贷配给理论对于宏观经济的作用。首先用信贷配给理论阐述了转型期货币政策传递的效率，提出风险中性和风险厌恶性商业银行的决策行为对于信贷配给理论的影响，进而分析这种影响对于经济发展的影响。

9.2　研究展望

商业银行的信贷配给行为将对信贷量以及信贷的投向产生巨大的影响。由于历史和文化的差异，转型经济国家有其特性，这也是导致转型经济国家的信贷配给与成熟市场经济国家的信贷配给存在差异的一个重要原因。本书试图对转型经济国家的信贷配给进行一个全景式的描述，但是转型经济国家的制度因素纷繁复杂，如转型经济国家企业声誉机制，虽然处于一个相对次要的因素，但是仍然会对商业银行的信贷量产生影响，因此对于本书来说，无疑是一种遗憾，这应该是进一步研究的方向。

另外，本书在构建了信贷配给模型后，在微观层面和宏观层面上选取了几个典型的经济问题进行分析，如中小企业融资困境、农户小额信贷和货币政策的传导机制进行了分析。但是信贷配给作为一种工具，这是一种直接的影响；而对于中国经济转型期的解释并不局限于此，如对于信贷资金在东、西部不同的分配情况以及城乡之间的分配仍然可以用此理论作解释，这是下一步研究的重大课题。

附录　俄罗斯五年金融教育推广计划（2011 – 2016）及最新进展

近年来，二十国集团（G20）领导人普遍认为提升金融包容性的最高原则之一是实现国家金融教育战略[①]，经合组织（OECD）和国际金融教育网络（INFE）近年来不断研发政策工具，支持成员国家的政策制定者和公共部门设计实施国家金融教育战略[②]。实施国家金融教育战略的主要目标是提升居民的金融素养和强化金融消费者权益保护，金融素养是指居民拥有必要的金融意识、知识、技能、意见和行为的组合，可以做出健全的金融决策，最终实现自己的回报[③]。在经合组织的建议下，俄罗斯借助世界银行贷款，借鉴国际先进经验，实施了五年金融教育计划，最后上升为国家战略，取得了明显的成效。本文摘编了经合组织关于俄罗斯金融教育国家战略的相关报告及俄罗斯金融市场发展指引关于金融教育方面的内容，分析俄罗斯"金融教育五年计划"的相关做法以及未来的规划，得出几点有益的建议，以期对我国金融教育的发展有所启示。

根据经合组织的建议，2011 年俄罗斯政府借助世界银行 1.13 亿美元贷款启动了一项全国性金融教育推广计划，这是世界银行第一次与国家合作开展

[①] Atkinson, A. and F. Messy. Promoting financial inclusion through financial education: OECD/INFE evidence, policies and practice. OECD Working Papers on Finance, Insurance and Private Pensions, No. 34, OECD Publishing, Paris, 2013.

[②] OECD. National Strategies for Financial Education. http://www.oecd.org/finance/financial-education/nationalstrategiesforfinancialeducation.htm.

[③] Atkinson, A. and F. Messy. Measuring financial lliteracy: results of the OECD INFE pilot study. OECD Working Papers on Finance, Insurance and Private Pensions, No. 15, OECD Publishing, 2012.

如此大规模的、具有创新性的金融教育推广计划①。

1.1 俄罗斯五年金融教育推广计划（2011－2016）

1.1.1 实施背景

首先，俄罗斯居民对金融资产提前规划的能力较弱。1/3 的俄罗斯成年人对金融资产配置没有任何规划，即使有规划，期限也是比较短暂的（一般不超过 6 个月），只有 9% 的成年人制定超过一年的金融配置计划。其次，对金融消费者合法权益了解较少。超过 60% 的家庭不知道放贷者有义务向他们披露贷款的年利率②。最后，对金融消费纠纷解决的信心不足。只有 19% 的金融消费者对公平解决与金融机构之间的争议充满信心。在遭遇不满意的金融服务时，超过 60% 的金融消费者没有采取任何行动，只有 4% 的金融消费者向金融机构投诉，3% 的金融消费者向监管部门提交了报告。

俄罗斯已推广的金融教育项目系统性不强。在五年金融教育计划实施之前，俄罗斯已经采取了一些举措来推行金融教育。这些措施包括宣传基本的储蓄、贷款、保险、退休金和养老金计划的知识；开办一些关注投资决策和个人理财的杂志和网站③；开展一些专门性的教育项目，比如知识竞赛、金融博览会、金融选修课、金融学习班和金融暑期学校等活动。金融教育推广的效果取决于项目设计的质量，包括明确的目标设置和对结果的评估，此外还需要有受过良好培训的师资力量，有序的组织、设计。虽然俄罗斯金融教育做出的努力是显而易见的，但是在国家五年金融教育计划推广前，金融教育的效果仍然不佳，原因是中心城市之外仍然缺乏受到过专业训练和具有专业知识的人员，缺乏数据和专门知识支持，没有借助先进的国际经验和缺乏正

---

①② Russia's G20 Presidency and the OECD. Advancing National Strategies for Financial Education.

③　典型的例子就是开办了金融文化网站（www.gorodfinansov.ru）和提供有价值的金融教育材料的网站（www.azbukafinansov.ru）。

式的有影响的评估。

1.1.2 目标和任务

该项目的总体目标是提升实施国家长期金融素养战略，提升俄罗斯居民金融素养。该项目的目标人群是中小学生和大学生以及中低收入居民，重点是提高中低收入群体对金融产品和服务以及金融机构的了解程度；促进居民提升审慎金融行为，在选择金融产品时能准确有效权衡风险和收益；改善金融消费者保护机制的效率；提高联邦和地方政府、教育机构、媒体、雇主、非政府组织以及私营部门普及金融知识的能力。

在总体目标下，该项目主要实现以下任务：

（1）提出国家层面的金融教育目标愿景，制定和实施中长期国家金融素养改善战略。在国家层面和地区层面制订计划，推动政府部门、教育机构、非政府部门和金融机构更有力的执行计划。

（2）教育与培训。制订培训计划，培训联邦和地区层面的师资力量。根据中小学生、大学生和成年人不同的特点，通过正式的机构和渠道，宣传金融知识及对个人资产的管理手段。

（3）加强金融消费者权益保护教育。实施大规模的宣传活动，提供金融消费者保护服务。强化政府力量，加强政府与私营部门的合作，增加信息披露，改进金融市场参与者获得信息的渠道，为金融消费者提供更多的信息。

（4）建立对人口金融素养水平的监测和评估机制。

1.1.3 原则：四大支柱

支柱1：制定金融扫盲战略。这一支柱的目标是支持发展国家金融素养战略，确定实施机构和立法框架，开发一个金融知识和消费者保护监测和评估系统。组成部分包括：部际协调委员会（IAPC）的有效运作；设立专家委员会，在项目推进过程中提供技术咨询；研究和分析金融素养和金融消费者保护方面的法律，对金融素养水平调查进行评估。

支柱2：金融素养能力建设。这一支柱的目标是在联邦和区域两级政府、公共部门和私营部门建立提高居民金融素养的机构，培养人力资源。组成部分包括：提升金融教育机构能力；培训各级教师；建立国家金融知识门户网站；设立区域金融知识中心，实施区域金融素养发展计划。

支柱3：提供教育计划方案和改善金融素养的宣传活动。这一支柱的目标是通过提供各种教育方案和宣传活动来提高金融素养。组成部分包括：提出和改善金融素养的教育材料和方案，发起宣传运动，并支持金融扫盲行动。

支柱4：强化金融消费者保护框架。这一支柱的目标是通过加强现有消费者保护服务（CPS）的能力，加强金融消费者保护的基础；加强民间社会组织和支持金融消费者保护措施；试点金融协调专员；开展对金融消费者保护措施的独立监测。

1.1.4　项目实施阶段

因为整个计划涉及的项目多，覆盖面广，又无先例可以遵循，因此，俄罗斯在实施计划时，采取了分阶段推进的方式来进行。

第一阶段（2011~2014）主要的任务是制定国家金融扫盲计划，建立基本的金融素养培养方案；强化银行和信贷机构消费者保护权益的法律框架，提升保护消费者保护的能力；发展监测和评估方法并建立基准，推行各种金融扫盲行动并评估执行效率。第一阶段的重点是：

（1）启动可以快速推出的活动。

（2）通过活动产生实用性的经验。

（3）重点关注最迫切的问题（如消费者信贷）。

（4）发展金融教育和消费者保护的基本能力。

在第二阶段（2015~2016）期间，继续推广在第一阶段的成功案例，视情况调整推广的力度。对其他金融机构（如信用社、小额贷款公司、保险机构、养老基金）金融消费者保护法律框架进行改进；根据监测和评估活动的信息改进教育方案和金融消费者保护措施。

1.1.5　俄罗斯五年金融教育计划的主要成果

在俄罗斯政府的支持下，金融教育推广计划已经取得了一定的成果。计划由俄罗斯财政部负责实施，由部际协调委员会（IAPC）负责监督和协调。IAPC 由俄罗斯财政部副部长担任主席，中央银行、教育部、经济发展部和消费者保护机构派代表参加 IAPC，IAPC 对项目总体运行情况进行监督，并提供战略性指导。财政部多个部门成立项目工作组，负责运营管理具体项目。国际专家委员会负责为 IAPC 提供技术支持。项目实施单位向财政部提供项目执行情况报告（包括采购和财务管理流程）。该金融教育计划可以为加强对金融机构业务行为的管理（特别是在信贷服务领域）做出贡献。

开发了针对不同阶层的教育方案。2013 年俄罗斯公布了学生和成年人核心金融素养的标准和培育核心金融素养的方法，这些标准和方法被运用于提升金融素养教育水平。主要是按照学生和成人的需求，设计的不同的模块和方法，包括教材、电子模块、游戏和测试，还包括就从小学开始在学校里开始金融素养的相关课程。

在部分地区进行了试点。俄罗斯地域广阔，要求金融教育可以由莫斯科延展到最远的地区。该计划初始阶段选择了加里宁、特维尔和伏尔加等三个地区进行试点，这些地区已经在大学以及媒体、新闻中心和非政府组织的区域管理机构中进行了金融素质教育的推广。还有十三个地区提出了区域性综合金融素质教育方案，主要目标是建立区域级机构和人力资源培训中心，建立区域性的金融知识中心网络。在更多的区域试点获得批准并成功运行以后，金融教育计划最终将在全国铺开。

设立创意基金。为了支持全新的创新，俄罗斯政府于 2013 年启动了专门的金融知识和消费者保护的创意基金（Fund of Good Ideas，1000 万美元资金），用于支持非政府机构、教育机构和私营部门提出关于金融教育创意，在金融创意基金组织的第一轮全国大赛中，收到 70 多份来自俄罗斯各地的金融知识和金融消费者保护创意提案。

1.2 俄罗斯金融教育的最新进展（2016 – 2018）

在五年金融扫盲计划之后，俄罗斯政府继续推动金融教育发展。2016 ~ 2018 年俄罗斯金融市场发展指引中提出了金融教育发展的长期计划，计划分为两个部分：确保继续提升家庭金融素养水平，强化金融消费者保护。

1.2.1 确保家庭金融素养的继续提升

在报告期内，重点是要使各类人群（尤其是最脆弱的金融消费者群体）根据特性（如年龄、福利、教育和金融消费者的预期）关注自己最适合的金融产品和信息。促使金融机构为相应的人群制订特定的金融产品和服务，并解释这些产品和服务的特性，最大限度地推动金融部门与居民之间的互动，尽量满足居民的需求。

首先，将金融素养相关课程纳入普通教育机构的教学框架内。2016 年，俄罗斯教育部把金融知识模块作为学生社会实践的一部分进行推介。下一步，俄罗斯教育部将制定金融知识教育方案和教材，开发教师培训课程并对教师进行培训，在师范学校里设立新专业，并且组织高等教育机构与金融教育培训专业机构进行交流。

其次，建立和计算金融素养综合指数。俄罗斯央行计划在各项活动前后开展指定的宣传活动，并记录目标受众金融素养的变化，这些活动的频率将有助于俄罗斯联邦完善金融市场法律。其中包括：研究家庭对金融工具，金融机构、金融服务和金融消费者保护法律手段的认知。研究家庭使用金融工具和金融服务的水平；研究家庭使用的金融工具和服务的多样化范围。

最后，借助各种媒体普及金融知识。针对俄罗斯当前互联网发挥较快的情况①，发展权威的在线金融教育资源，向社会群体提供最广泛的可以理解金融知识。此外，根据不同时代的群体信息接受源的不同，还采用各种非互联网公共媒体作为渠道进行宣传。针对消费者的专门知识需求，继续发挥俄罗斯央行创建的呼叫中心和公共接待中心的作用，确保可以给金融消费者感兴趣的金融事项给予正确的解释。

1.2.2 推动金融消费者权益保护工作

讨论金融消费者的相关问题，完善金融消费者保护相关立法。做好金融消费者保护工作必须要划定金融消费者权利边界，明确金融消费者究竟具有什么样的权利；要判断居民是否有能力选择有些合适的金融产品，对金融消费者面临风险的理解是否恰当。俄罗斯央行认为，在规划期间回答这些问题有助于厘清合格投资者的概念，有助于完善金融消费者的保护相关立法。这些问题的研究将由俄罗斯金融市场的自律组织实施。

优化金融消费者权益保护机构的工作流程。俄罗斯央行计划引入一项更有效地处理金融消费者投诉的流程，在新流程中，将增加实际援助的数量，减少消费者投诉响应时间，在处理好消费者的投诉后，金融消费者保护组织还将结果及时反馈给金融监管机构，以提高监管效率，完善金融市场产品和服务。此外，随着金融消费者问题的有效解决，将减少金融机构运行中的缺陷，有利于改善俄罗斯央行指定网站以及与金融消费者联络中心业务的改进；有利于自律组织调整合格投资者的标准，并根据标准对自律组织成员进行约束。

明确监管要求和违反监管的责任。俄罗斯央行将与国家有关部门合作，对监管机构的人员明确监管要求和违反监管要求的责任。一是与联邦反垄断机构合作，抵制倾销和破坏公平竞争环境的金融服务。二是要求金融机构能够有效地披露信息，确定披露信息的标准和具体属性。确保所披露的信息对

---

① 根据俄罗斯信息部的报告显示，2014 年，俄罗斯 62% 的成年人在使用互联网，用户比例上升的趋势较为明显。

于金融消费者来说是完整可靠、及时可得、易于理解的。确保金融产品和服务的消费者能够自由地获取有关其内容和固有风险的信息。三是禁止金融机构宣传误导消费者的产品和服务。计划向公众通报不诚信的金融中介机构及相关行为，并就金融产品和服务的宣传提出建议，以限制金融市场的不诚实做法。

参 考 文 献

1. 奥村洋彦．日本"泡沫经济"与金融改革［M］．北京：中国金融出版社，2000.

2. 奥利弗·哈特，朱俊，汪冰，顾恒中．公司治理：理论与启示［J］．经济学动态，1996（06）：60－63.

3. 巴曙松．日本金融自由化的回顾与发展［J］．海南金融，1997（01）：23－24+22.

4. 本杰明·M.弗里德曼，弗兰克·H.哈恩．货币经济学手册［M］．北京：经济科学出版社，2002.

5. 曹彬．中国财政收入占GDP最优比重的研究［D］．杭州：浙江工业大学，2014.

6. 陈岱孙，厉以宁．国际金融学说史［M］．北京：中国金融出版社，1991.

7. 陈柳钦．金融自由化在发展中国家的实践及中国的金融开放［J］．南都学坛，2006（03）：94－102.

8. 陈士孟，支晓强，周清杰．公司治理概论［M］．北京：清华大学出版社，2003.

9. 樊纲，钟朋荣，卢中原．中小企业融资问题综论［J］．中国集体经济，1999（09）：48－50.

10. 樊纲．发展非国有银行势在必行［J］．财贸经济，1999（6）：15.

11. 樊纲．公有制宏观经济理论大纲［M］．上海三联书店，1995.

12. 范从来．论通货紧缩时期货币政策的有效性［J］．经济研究，2000

（07）：24 – 31.

13. 高晓红 . 从管制到自由化：利率理论的批判与整合 [J] . 财经研究，2002，（07）：45 – 51.

14. 古皮塔 . 金融自由化的经验 [M] . 申海波，陈莉译 . 上海财经大学出版社，2001.

15. 关立新，王博，郑磊 . 马克思"世界历史"理论与经济全球化指向 [M] . 北京：中央编译出版社，2013.

16. 何德旭，苗文龙 . 金融排斥、金融包容与中国普惠金融制度的构建 [J] . 财贸经济：2015（3）：6 – 16.

17. 何德旭 . 关于中小企业融资"难"的辩证思考 [J] . 财贸经济，1999（6）：10 – 12

18. 何光辉，杨咸月 . 中国小企业融资担保发展的理论研究 [J] . 财经研究，2000（08）：27 – 33.

19. 胡海鸥，贾德奎 . 货币理论与货币政策，第 2 版 [M] . 上海人民出版社，2012.

20. 胡海鸥，贾德奎 . 货币理论与货币政策 [M] . 上海：上海人民出版社，2012.

21. 黄赤东，梁书文 . 担保法及配套规定新释新解 [M] . 北京：中国民主法制出版社，1999.

22. 黄达 . 宏观调控与货币供给 [M] . 北京：中国人民大学出版社，1997.

23. 江其务，周好文 . 银行信贷管理 [M] . 北京：高等教育出版社，2004.

24. 蒋耀初 . 征信促进中小企业融资的机理 [J] . 中国金融，2013（15）：81 – 83.

25. 焦瑾璞 . 中国银行竞争力比较 [M] . 北京：中国金融出版社，2002.

26. 金牛 . 中国利率改革之路 [J] . 大众理财顾问，2013（09）：53 – 55.

27. 凯恩斯 . 货币论 [M] . 北京：商务印书馆，1997.

28. 科尔奈. 短缺经济学［M］. 北京: 中国计划出版社, 1980.

29. 李均锋, 邱艳芳, 张弘. 普惠金融应用核心原则指引［J］. 2017 (2): 1 - 20.

30. 李岚. 对以信息公示促进企业自律的思考［N］. 中国工商报, 2017 - 07 - 06 (007).

31. 李扬. 我国金融业利率要市场化［J］. 领导决策信息, 2001 (40): 25.

32. 李扬. 新中国金融60年［M］. 北京: 中国财政经济出版社, 2009.

33. 林毅夫. 发展中小银行, 解决中小企业融资难题, 迎接WTO的机遇与挑战［N］. 北京大学中国经济研究中心简报. 2000 - 11 - 6.

34. 刘金全. 货币政策作用的有效性和非对称性研究［J］. 管理世界, 2002 (03): 43 - 51 + 59 - 153.

35. 刘洋. 征信制度史及启示研究［D］. 南昌: 江西师范大学, 2013.

36. 刘志标. 中国商业银行的竞争、垄断与管制——关于中国银行业的SCP分析框架［M］. 财贸研究, 2004 (4): 56 - 61.

37. 罗纳德·麦金农. 经济发展中的货币与资本［M］. 卢骢译. 上海: 上海人民出版社, 1997.

38. 麦金农. 经济市场化的次序——向市场经济过渡时期的金融控制［M］. 上海三联书店, 上海人民出版社, 1997.

39. 齐志鲲. 银行惜贷、信贷配给与货币政策有效性［J］. 金融研究, 2002 (08): 67 - 74.

40. 乔治·E. 鲁斯. 贷款管理［M］. 石召奎译. 北京: 中国计划出版社, 2001.

41. 上官卫国. 财政部全面检查资产评估业［N］. 中国证券报, 2004 - 12 - 10.

42. 尚飞鹏. 地方金融机构 "被贷款" 征信异议处置问题分析——以晋陕豫黄河金三角区域4市为例［J］. 河北金融, 2016 (08): 26 - 27.

43. 中华人民共和国国家统计局. 中国统计摘要 2015［M］. 中国统计出版社, 2015.

44. 斯蒂格利茨, 安德鲁韦斯. 不完备信息市场中的信贷配给 [C]. 阿克洛夫、斯彭斯和斯蒂格利茨论文精选. 北京: 商务印书馆, 2002: 84 - 120

45. 王欣. 我国货币政策有效性的实证分析 [J]. 财经科学, 2003 (06): 6 - 9.

46. 王信. 政府、银行的信息与激励——金融约束政策评介 [J]. 经济社会体制比较, 1997 (05): 14 - 19.

47. 王振山, 王志强. 我国货币政策传导途径的实证研究 [J]. 财经问题研究, 2000 (12): 60 - 63.

48. 吴敬琏. 发展中小企业是中国的大战略 [J]. 改革, 1999 (02): 11 - 13.

49. 吴敬琏. 现代公司与企业改革 [M]. 天津人民出版社, 1994.

50. 吴军. 紧缩与扩展——中国经济宏观调控模式选择 [M]. 北京: 清华大学出版社, 2001.

51. 肖. 经济发展中的金融深化 [M]. 上海: 上海三联书店, 1988.

52. 谢平. 新世纪中国货币政策的挑战 [J]. 金融研究, 2000 (01): 1 - 10.

53. 亚当·斯密. 国民财富的性质和原因的研究 [M]. 北京: 商务印书馆, 1994.

54. 姚德良. 1933 年~1999 年峰回路转 66 年——美国金融创新与监管放松互动, 推动金融自由化的历程 [J]. 数字财富, 2004 (02): 40 - 50.

55. 余文健. 普惠金融指标体系构建 [J]. 2017 (3): 90 - 91.

56. 张德宝. 八十年代国际金融市场的新发展 [J]. 中国金融, 1988 (08): 43 - 44.

57. 张杰. 中国的货币化进程、金融控制及改革困境 [J]. 经济研究, 1997 (08): 21 - 26 + 79.

58. 张军. 社会主义的政府企业: 从 "退出" 的角度分析 [J]. 经济研究, 1994 (09): 72 - 80.

59. 张鹏. 20 世纪 60 年代以来美国金融创新及其主要外部动因 [D]. 北京: 中国社会科学院研究生院, 2013.

60. 张其仔. 社会资本论 [M]. 北京：社会科学文献出版社，1997.

61. 赵旭，蒋振声，周军民. 中国银行业市场结构与绩效实证研究 [J]. 金融研究，2001（03）：59－67.

62. 郑振东，王岗. 双重信贷配给与中国银行业的流动性隐患研究 [J]. 金融与经济，2004（09）：12－13.

63. 中国人民大学财政金融学院课题组. 财政收入占 GDP 比重问题研究 [J]. 经济研究参考，2001（19）：20－32.

64. 周业安. 金融抑制对中国企业融资能力影响的实证研究 [J]. 经济研究，1999（02）：15－22.

65. 卓凯，崔维琪. 金融深化、信贷配置扭曲与经济效率 [J]. 武汉金融，2004（05）：11－13.

66. Akerlof. The market for lemons: qualitative uncertainty and the market mechanism. *Quarterly Journal of Econmics*, 1969（84）：488－500.

67. Baltensperger. Credit rationing: issues and question. *Journal of Money, Credit And Bank*, 1978（10）：170－183.

68. Berle, A. A. and G. C. Means. The modern corporation and private property. *Economic Journal*, 1932, 20（06）：119－129.

69. Beseter, H., Screening versus rationing in credit markets with imperfect information. *American Economic Review*, 1985（75）：850－855.

70. Dewatripont, E.. Maskin, credit and efficiency in centralized and decentralized economies. *Review of Economic Studies*, （1995）62：541－555.

71. Eaton, J., M. Gersovitz. Debt with potential repudiations. *Review of Econmic Studies*, 1981（48）：289－309.

72. Frank, Robert H., Bernanke, Ben S. *Principles of Macroeconomics* 3*rd*. North Ryde, N. S. W. McGraw-Hill. 2011.

73. Freimer, Gordon. Why bankers ration credit. *Quartly Journal of Economics*, 1965（79）：397－410.

74. Friedman and Schwartz. *Monetary History of the United States*. Princeton University Press. 1966.

75. Goudzward, Maurice B. Priceceilings and credit rationing. *The Journal of Finance*, *Nov*, 1968 (01): 177 –185.

76. Hodgman, Donald R. . Commercial bank loan and investment policy. *Chmpaingn*, *Bureau of Business and Economic Research*, *University of Illinois*, 1964 (06): 630 –631.

77. Jaffee, Dwight & Tommas Rassel. Impefect information, uncertainty and credit rationing. *Quarterly Journal of Economics*, 1976 (10): 651 –666.

78. Jaffee, Dwight M. and Russell, Thomas. The imperfect information, uncertainty, and credit rationing. *The Quarterly Journal of Economics*, Nov. 1976 (90): 651 –666.

79. Jaffee, Dwight M. , Modigliani, F. . A theory and test of credit rationing. *The American Economic Review*, 1969, 59 (05): 850 –872.

80. Jerome Blum, Rondo Cameron, Thomas G. Barnes. *The European World: A History*. 1970.

81. Joseph E. Stiglitzand Andrew Weiss. Credit rationing in market with imperfect information. *American Economic Review*, June 1981 (03): 393 –410.

82. Keeton, W. . *Equilibrium Credit Rationing* [M]. New York: Garland Press, 1979.

83. Riley. Credit rationing: a further remark. *American Economic Review*, 1987 (77): 224 –227.

84. Roosa, Robert V. . *Monetary Theory and Policy: Major Contributions to Contemporary Thought*. Random House, 1966.

85. Rothschild, M. And Stiglitz. Incresing risk: definition. *Journal Of Economic Theory*, 1971 (02): 225 –243.

86. Shapiro. Premiums for high quality products as returns to reputation. *Quarterly Journal Of Economics*, 1983 (98): 659 –679.

87. Shleifer, A. and R. Vishny. A survey of corporate governance. *The Journal of Finance*, 1997 (June): 737 –783.

88. Townsend, R. M. . Optimal contracts and competitive markets with costly

state verification. *Journal of Economic Theory*, 1979 (21): 265 –293.

89. Udo Schmidt-Mohr. Rationing versus collateralization in competitive and mo-nopolistic credit markets with asymmetric information. *European Economic Review*, 1997 (41): 1321 –1342.

90. Vicente. Galbis. Financial intermediation and economic growth in less-devel-oped countries: a theoretical approach. *Journal in Development Studies*, 1977 (13): 58 –59.

91. Walras. *Elements of Pure Economics* (trans Jaffe), Irwin, 1954.

92. Williamson, S. D.. Costly monitoring, financial intermediation, and equilibrium credit rationing. *Journal of Monetary Economics*, 1986 (18): 159 – 179.

后　记

　　在这个充满挑战和激情的时代，我因机缘巧合从事金融管理方面的工作。正是有这些机缘，我才有机会持续关注经济金融生活的变革。在研究过程中，我更加深切地感受到中国金融业改革开放取得的伟大成就，感受到中国几代人为这些成就付出的不懈努力，正是因为这些感受，才能让我将自己对经济金融生活一些微不足道的成果奉献给我的读者。

　　在此书即将付梓之际，仍有很多遗憾。受到精力、能力和个人研究视野所限，有很多想去研究而没有去研究的课题和领域，唯一能给自己安慰的是，我曾经真诚、充满激情、竭尽全力地工作过。人生的旅程总要不时"清零"，只有站在"零起点"重新砥砺前行，并将精神提升到不断发展的高度，才有可能使自己走出洼地，一步步地走向新生活；只有把自己置于前行的路上，不计硕果累累或是收获绵薄，心平气和地播种和劳作，才能接受这个时代赋予我们的责任和任务。

　　感谢经济科学出版社相关人员认真细致的工作；同时也要感谢同济大学的郝凤霞老师，她为本书提出了很好的修改意见，让我受益匪浅。

　　特别要感谢的是我的夫人曹典雅，她的欣赏、理解、宽容以及对学术研究的一些看法，使我能持续地保持着对研究的热情。当然，本书只是我研究成果的一个积累，不代表所在单位的意见。时间仓促，难免有很多纰漏之处，敬请各位读者原谅。

郑振东

2017 年 10 月